JN057367

When Psychotherapy Becomes a Religion

心理療法が宗教になるとき

——セラピーとスピリチュアリティをめぐる社会学

Yasushi Koike　小池 靖

RIKKYO UNIVERSITY PRESS
立教大学出版会

はじめに

2022年、とある宗教団体が日本のニュースを賑わせた。外国のキリスト教系新宗教であり、消費者被害、「マインド・コントロール」などが再び注目された。この宗教集団の歴史において見逃せないものとして、1970年代、アメリカ西海岸に布教するにあたり、信者であった社会心理学の大学教員により、集団心理療法の技術を布教・勧誘に取り入れたというものがあった（Bromley and Shupe 1981）。「カルト」は人の心を操作するものとして表象されるが、「心理療法」もまた、科学の時代に、人間の心を統御しようとする試みであり、その2つは結びつきやすいのかもしれない。

心理学的・心理療法的な発想や実践は、現代先進諸国で、人間の「こころ」についての公式な知となってきた（小池 2007）。そうした「知」は、教育、企業研修、文化、さらには司法の分野に至るまで、広範囲に影響を及ぼしてきた。

そうなってくると、心理学的発想がそこまで浸透しているのならば、それはもはや現代人の人生観、世界観をも形成していることになる。西洋の学問ではそれを「セラピー文化」と呼び、日本では「心理主義」とも呼ばれることがある。ひとことで言えば心理主義とは、科学的な根拠を意識しながらも、人生の選択においては伝統よりも個人の感情を優先し、自己責任を基盤として、自己が成長することを志向し、そして人生やキャリアにおいて「自己実現」を目指すような姿勢・人生観だと言えるだろう。

そうだとすると、心理主義は、現代人にとって一種の「宗教」なのだろうか？事はそう単純ではない。

『宗教としての心理学』という表現は、古くはアメリカの牧師によって1977年に提唱されている（Vitz 1977）。心理学は確かに、西欧において、教会の影響力が衰退する文脈の中で、こころをめぐる公式な知として台頭してきた面はある。

グローバル化・インターネット化する時代における、現代人の精神状況はどうなってゆくのか？　心理学は現代の「宗教」なのか？　こころを癒す営みはなぜスピリチュアルな様相を帯びる時があるのか？　心理学的・心理療法的な技法・態度・文化によって、現代社会はどう変わってきたのか？

こうした事柄を多角的に考察するために、本書では、次の３つのレベルを想定しながら議論を進めたい。

レベル１　集中的なセラピー（心理療法）を実践することによって集団が宗教性を帯びる場合【主に２章】

カルト化した自己啓発セミナー、ライフスペース事件（1999）を見るまでもなく、数としてはまれなケースではあるものの、一部の心理療法は、指導者への崇拝が強まり、共同生活に移行する中で、組織が超自然的な効能などを主張し始め、むしろ世間から「カルト」「宗教」であると批判されることがある。こうしたケースが「心理療法の宗教化」の最も先鋭的な事例だと言えるだろう。なお、このレベルでは、その集団に対するネガティブな論評、分析は避けられない面もある。

付言となるが、冒頭で述べた外国系宗教団体は、日本の布教にあたっても、自己啓発セミナー的な技術を教化に取り入れていたという情報もある。他にも、キリスト教会が、カウンセリングの技術を取り入れてきたのは、もはや長い歴史がある（牧会カウンセリングなど）。これらはさしずめ「宗教のセラピー化」「宗教のセラピー利用」という事態でもあるのかもしれない。[*1]

＊1　この点は、匿名の査読者からのコメントに示唆を得た。

レベル２　公共圏やポピュラー文化にまで広がるセラピー的な言説【主に３章、４章、５章】

自己啓発書から女性誌、さらに言えば公教育などの公共圏に至るまで、自己の感情を優先し、コミュニケーションの重要性を説くメッセージや、自己実現言説が花盛りである。セラピー文化は1970年代アメリカでは、心理療法で自己の感情に耽溺する自己愛的な文化であると批判もされたが、今や、インスタグラムなどのＳＮＳにおいては、自己愛的な表現は標準的なものとなった感すらある。あるいは、事件、事故報道における感情表出の台頭。文化面におけるこうした変化は、心理主義、セラピー文化がもたらした変化の最大のもののひとつである。

なお、ここでいう「文化としてのセラピー」は、通常の市民の会話で「心理学」と言う時よりも、遥かに広い文化的・社会的動向を指しているということをあらかじめ強調しておきたい。

レベル３　世界のグローバル化、新自由主義化の中で、セラピー文化が果たす役割とは何か【主に６～９章】

この3つめの位相が、社会学、心理学、宗教学を問わず、いま内外の学問の世界で盛んに議論されているが、なかなか統一的な結論が出ていない最新の話題である。心理主義、セラピー文化は、こうした現代の新自由主義的な変化に抗するものなのか、それともそれを促進してしまっているものなのか？

結論を先取りして言えば、宗教やセラピー文化（心理主義）は、こうした新自由主義的な市場の変化には対応しきれていない。言い換えれば、経済重視の価値観の中では、こころをめぐる知の相対的な後退すら窺える。論壇などにおいても、心理学や社会学というよりも、経済学・経営学的な（さらに言えば進化生物学的な）説明図式のほうが優位性を獲得しつつあるのが、近年の傾向ではないだろうか。

本書は、過去15年ほどのあいだに書かれた複数の論考を加筆修正し、ひとつの研究書にまとめたものである。各章では、特定の事象について、上記３つのレベルのうちのいずれか、または複数を論じている。もちろん各章は独立もしているため、関心のある章から自由に読み進めていただければ幸いである。

目次　心理療法が宗教になるとき――セラピーとスピリチュアリティをめぐる社会学

【第 III 部　グローバル化とセラピー文化】

【 結 論 】

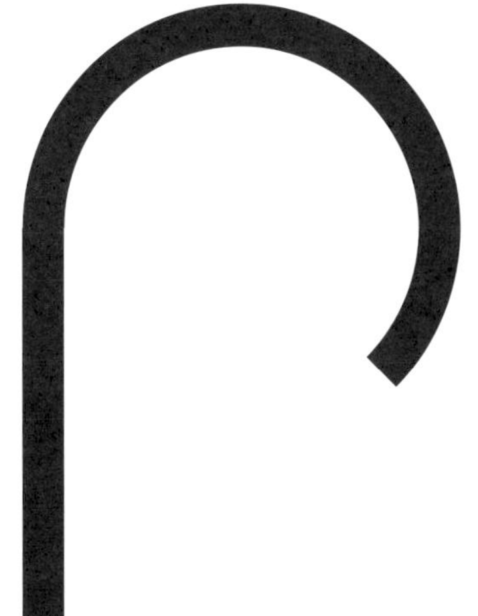

序　論

When Psychotherapy Becomes a Religion

セラピー文化とは何か

1　セラピー文化の広がり

2009年にドラマ『ツレがうつになりまして。』がＮＨＫで放映された。藤原紀香演じるエッセイ漫画家と、原田泰造演じるサラリーマンの夫の物語である。地味な内容ではあったが、うつ病になっていく様子や、それを見守る家族のあり方がリアルに描かれていた。

このように、現在では心理学的・精神医学的知識が社会に広がり、マンガ・映画・ドラマなどにも活用されるようになってきている。そうした発想の広まりを、日本の学問の世界では1990年代ごろから「心理主義」と呼ぶことも増えてきた。

私は、都内の大学で社会学を教えている教員であるが、「セラピー文化論」という名の半期の講義を、そうした「社会の心理学化」をテーマにしたものにしている。いわば「心理主義の社会学的考察」をする授業であり、社会学の世界では比較的珍しい試みだと言えるだろう。手短かに説明する時は「心理ブームの社会学」だと言う時もある。

英語圏の研究では、日本で言う心理主義的な文化を指して「セラピー文化」（Therapeutic CultureまたはTherapy Culture）という言い方もよく使われてきた。

セラピー文化とは、心理学的･心理療法的な実践や思想の広がりを指しており、最も広義には精神科医療も含まれる。

セラピー文化の実践のもっとも典型的なものは一対一でおこなわれるカウンセリングである。一対一ではなく、集団で様々なワークや実習をおこなったりして自己の成長を図るものがグループ･セラピーである。セラピーとは「治癒」という意味の一般的な語だが、英語で単にセラピーと言った場合、実質的にはサイコセラピー（心理療法）を指している場合も多い。私はセラピーを「日常生活からある程度離れた空間において、カウンセラーや悩みを共有する仲間などとの、言語的・非言語的コミュニケーションを通じて、自己の回復や向上を目指す営み」と定義している（小池 2007: 7)。

また、セラピー文化には、大きく分けてアカデミック心理学とポップ心理学という2つの流れがある。大学の心理学科などで正統の学問としておこなわれているものがアカデミック心理学であり、人生論などを扱ったハウトゥものの本（いわゆる自己啓発書）などに代表される「俗流心理学」が、すなわちポップ心理学である。

こうした心理主義ないしセラピー文化は、宗教や伝統的共同体の衰退にともなって、人間のこころをめぐる公的な知としてますます台頭してきている。

社会学とはそもそも「近代化を批判的に検証する学問」だという特徴があるが、現代の心理主義もまた、社会学からは批判的にとらえられてきた。たとえば社会学者・森真一『自己コントロールの檻』（森 2000）でも、心理主義のもつ問題点を論じている。森によれば､現代は個人の人格がまるで「聖なるもの」として尊重されるような時代であるが、そうした時代には心理主義的発想が特にもてはやされるという。しかし、そのために自己啓発書のような発想が蔓延することによって、かえって個人の精神はマニュアル的に管理されてゆくというのだ。果たして、心理主義とはそのような作用だけであろうか。

2　精神分析からカウンセリングへ

学問的な心理学の創始は、1879年にドイツ・ライプチヒ大学で心理学の研究室が誕生したことにさかのぼるという説がある。しかし、単なる心理学の枠を越えて、カウンセリング＝セラピー的な営みの直接の先行形態となったのがジグムント・フロイトの精神分析であることは疑いがないであろう。神経外科医でもあったフロイトは、1886年ごろ（諸説あり）、オーストリアのウィーンで、こころの悩みを抱える上流階級の婦人らを主な対象として、診療時間外に精神分析を始め、「無意識」を探究したとされている。精神分析は、特に現代のアメリカなどでは、その科学性が激しく批判されてもいる。しかし、精神分析は、患者の語りにそのまま耳を傾けるという意味で、現在のセラピー文化のひとつのルーツとなった。

2つの世界大戦中は、心理学的知識が、兵隊の適性検査に使われていたという経緯もあったようだが、現在のようなカウンセリングが一般化していくのは、やはり第2次世界大戦後、それもアメリカが中心である。日本では、1953年に東京大学に学生相談所が開設されたことが、カウンセリングが広まってゆく大きなきっかけとなった。

3　自己啓発書の世界

先に紹介したポップ心理学、つまり自己啓発書などの分野は、1920年代以来の歴史がある。ナポレオン・ヒル『思考は現実化する』（Hill 1937）、デール・カーネギー『人を動かす』（Carnegie 1936）などは、大恐慌（1929）後に不安を抱えたアメリカ人を鼓舞したと言われたが、両者は現在でもビジネス書のロングセラーとなっている。こうした書物では、何でも前向きに考えることによってこの世で成功しようという「ポジティブ・シンキング」が頻繁に説かれている。ポジティブ・シンキングは、19世紀アメリカの大衆宗教思想ニューソート（新思潮）から生まれたというのが歴史家の定説である。ニューソートでは、肉体的健康、精神的安定、そして物質的成功までもが、人間と宇宙との調和から生まれると考えられていた。

4　心理療法におけるグループ体験

現代のセラピー文化を考える上では、心理療法におけるグループ体験の存在も決して無視できない。日本では集団心理療法はグループ・カウンセリングとも、グループ・セラピーとも呼ばれてきたが、集団心理療法もまた、複数の思想的実践から発達してきたものである。具体的には、サイコドラマ、自助グループ、エンカウンター・グループがそのルーツである。

サイコドラマは、ルーマニア人のモレノによって、1930年代ごろ開発された技法である。典型的には、悩みを解決したい人が「主役」になり、悩みの場面を再設定し、その場の参加者に「他の登場人物」を演じてもらい、即興で劇を演じるような仕方で思いを吐き出したり、自己発見を目指したりするというものだ。

自助グループは、1935年にアメリカで始まったアルコホーリクス・アノニマス（Alcoholics Anonymous「匿名のアルコール依存症者たちの会」）通称ＡＡが起源である。自助グループのスタイルはシンプルなもので、通常、週に1回程度、地域の教会や公民館の会議室などを借り、同じ問題を抱えた当事者が集い、悩みを語り合うというものである。12ステップという信条があることや、アルコールの問題への無力さを認め、自分が信じている高次の力「ハイヤー・パワー」に身をゆだねるといった実践から、キリスト教の回心体験談にも似ていると指摘されてきた。1980年代以降は、アダルトチルドレン（通称ＡＣ。機能不全家族に育った人）、共依存、ギャンブル依存、薬物依存、性依存、摂食障害などのための自助グループが日米でも広がっていった。

エンカウンター・グループは、1946年アメリカにおいて、社会心理学者カート・レビンらが人間関係研究のための合宿を開いた際の出来事に由来すると言われている。その合宿中のある晩、被験者達が、トレーナーである研究者達の夜の反省会に参加させてくれと言ってきたのである。そこから、社会的立場や地位をいったん棚上げして、参加者全員が本音で語り合う「エンカウンター・グループ」が誕生した。1955年頃、カウンセリング心理学の國分康孝らによって日本にもエンカウンター・グループが紹介され、研修技術のひとつとして普及していった。

1970年代には、こうしたグループ・セラピーや、瞑想法、ボディワークなどがアメリカで大衆化し、やがてそれらがヒューマン・ポテンシャル・ムーブメント（Human Potential Movement）または人間潜在能力開発運動と呼ばれるようになる。

心理学の主な3つの流れとして、①精神分析、②行動療法、そして③人間性心理学がある。人間性心理学とは、カール・ロジャーズやアブラハム・マズローらが唱えたもので、彼らは人間を「自己実現」に向かって成長していく存在であるとして性善説的にとらえた。その人間性心理学の大衆普及版が人間潜在能力開発運動である。カール・ロジャーズ、アブラハム・マズロー流の、自己実現に向かって成長していく性善説的な人間観がヒューマン・ポテンシャル・ムーブメントにもある。

自己啓発書のポジティブ・シンキングや、ヒューマン・ポテンシャル・ムーブメントのアイディアを雑多に組み合わせて、数日間ぶっ通しでおこなわれる個人向けの有料イベントに仕立て上げ、大規模な顧客を集めたのがいわゆる「自己啓発セミナー」である。日本でも1980年代から1990年代前半に、都市を中心に多くの人々が自己啓発セミナーに参加した。少なくとも一時期までは、自己啓発セミナーはグループ・セラピーの実践を日本に広めた最大の運動であった。しかし、1990年代後半以降はカルト視されることも増えた。

ここまで見てきたような様々なグループ・セラピーの発想は、現在でも「コミュニケーションのためのワークショップ」や、市民運動の学習会、そして社員研修や就職採用などにおいても用いられている。

筆者が近年注目しているのは就職活動向けの「自己分析」である。最近の大学4年生の多くは、大学の就職課や募集企業に勧められたりして、マニュアル的に自己分析をおこなうことが多いようだ。そうした自己分析のマニュアル本によれば、自己を見つめ直し自己の適性をつかみ、最高の自分を発見することが人間の究極の理想であり、最高の自分を実現できれば、最終的に内定をもらえるかどうかは問題ではないとまで書かれている（杉村2007: 502)。そうしたメッセージは、1980-90年代に自己啓発セミナーで説かれていたようなメッセージと酷似している。

5　被害者のケアから裁判員制度まで

1995年という年は、セラピー文化にとっても大きな転換点となった年かもしれない。同年、阪神淡路大震災と地下鉄サリン事件が起こり、トラウマ、ＰＴＳＤ（心的外傷後ストレス障害）といった用語が一般化するきっかけとなった。最近ではマスメディアにおいても、個人が何かの被害者であると社会に向かってうったえていく傾向が強まっているが、社会学ではこれを「被害者化」（Victimization）と呼ぶこともある（Nolan 1998）【詳細は３章参照】。

また同じ1995年に、当時の文部省がスクールカウンセラー事業を開始し、それと関連して、国家資格ではないものの「臨床心理士」制度が本格化していくこととなった。さらに、2017年には、国家資格としての「公認心理師」制度もスタートした。

現在、広義の医療のみならず、司法の領域に至るまで、セラピー的な論理が浸透しつつある。ここで言う司法（Justice）とは、裁判だけでなく、犯罪者に対する処遇や更生に至る一連のプロセスをも含んだものである。

精神医療と刑事司法のもっとも古くかつ有名な関連としては、刑法39条問題がある。この規定は、「心神喪失者の行為は、罰しない」「心神耗弱者の行為は、その刑を軽減する」というものだ。1988年の宮崎勤事件、2001年の池田小学校殺傷事件により、刑法39条問題や、裁判過程における精神鑑定の問題が改めてクローズアップされた。犯罪者を「野放しにする」39条をまるごと削除しろとの意見から、精神病者の人権を守る立場からの39条擁護論まで様々な意見がある。

司法における新しい試みとして「修復的司法」と呼ばれるものもある。修復的司法とはRestorative Justiceの訳語であり、意味を汲み取れば「市民による自主的な正義の回復」という程度の意味である。これは、犯罪などの事件の加害者と被害者、さらにはその家族・遺族などが、全員が同意した上で、裁判とは別の場を用意して対話の機会をもつというものである。加害者は被害者に対し謝罪の言葉を述べることもできるし、被害者あるいはその遺族は、自己の思いのたけを加害者にぶつけることもできる。悲しい出来事に関する、加害者・被害者双方のわだかまりを癒そうとするセラピー的な営みと言えなくもない。海外では修復的司法は学校でのいじめや、職場の人間関係のトラブル解決などにも応用されているという。日本でも2007年より、少年犯罪更生の一部で「少年対話会」として導入されているという。

広義の司法と精神医学的問題がクロスする近年の話題は、山本譲司による著書で明らかになった『累犯障害者』（山本 2009）の問題である。山本は国会議員であったが、秘書の給与詐取で実刑判決を受け、刑務所に入ることとなり、そこでの体験をもとにノンフィクション作家に転身したという異例の経歴の持ち主である。

山本によれば、現在の日本の刑務所は、軽微な犯罪を何回も繰り返している軽度〜中度の知的障害者が非常に多いという。ＩＱで見ると受刑者全体の２〜3割に相当するとの試算もある。山本が出所後に取材したところ、そうした「累犯障害者」は、幼少期からいじめられ、親族からも虐待を受けやすく、債務を抱えやすく、福祉にもつながりにくい存在であることが明らかになった。こうした問題への対処として、2009年7月から、障害のある（元）受刑者のための「地域生活定着支援センター」が開所されているという。累犯障害者の問題を扱ったＮＨＫのドキュメンタリー（2009年）では、「福祉の最後のとりで」としての刑務所にも、作業療法（Occupational Therapy）やドッグセラピーといったセラピー的なプログラムが導入されつつあることも報じられた。

現在、司法・医療・福祉は連携しながら様々な改革がおこなわれているが、そこには被害者・当事者・市民の参加や、広い意味でのセラピー的介入の増加が見られる。それらは管理的だとばかりは言えず、様々な問題状況を改善していくのは、市民の意識と協力にもかかっていると言えるだろう。

たとえばアメリカの刑務所では、凶悪犯罪の受刑者などを対象に、幼少期を振り返り自己を見つめ直す対話のプログラム「アミティ」がおこなわれている。アミティの背後にあるのは、アリス・ミラーによる幼少期トラウマ説である。

また、現在アメリカでは、違法ドラッグの所有・使用によって刑務所が過密になっているということもあり、ドラッグ違反で検挙された人すべてを必ずしも刑務所には入れず、定期的な健康診断と自助グループへの参加を義務づけ、地域における社会復帰を促そうとする「ドラッグ・コート」なる実践も広がっている。

考えてみれば、現代の日本でも、司法制度改革がおこなわれ「裁判員制度」だけでなく、被害者が裁判プロセスに参加し、量刑に対しても意見を述べることができる「被害者参加制度」も導入されている。これらもまた、近代的で客観的な原理原則よりも、市民や被害者の主観的「心理」を尊重するという意味で、広い意味での司法のセラピー化のあらわれであると言えよう。[*1]

「被害者参加制度」も、伝統的かつ近代的な司法の論理からいけば、加害者であることも裁判を通じて明らかにされるものなのだから、「被害者」の私憤を裁判に持ち込むのは良くないといった批判もありうるだろう。しかし、そうした従来の司法では国民の側に不満がつのっていたこともまた事実なのである。被害者参加制度自体はセラピーそのものではないが、その導入の背景にある市民の意識の変化は、私的な被害感情を公的に処理すべしという、セラピー文化の流れとまさに重なっている。

現行の裁判員制度にも様々な問題点が指摘されているが、司法における市民の発言権を少しでも増やそうとする試みに対しては、むしろ国民の側がその機会を前向きにとらえ、自ら共同体の抱える問題に貢献しようとする気概をもつべきだろう。

6　スピリチュアリティをめぐって

スピリチュアルという語がお茶の間にも広がったきっかけは、スピリチュアル・カウンセラー江原啓之のテレビ番組であろう。江原が、ゲストたちの前世を言い当てるという番組「オーラの泉」は、高い視聴率となり、2005年ごろから、お茶の間に「スピリチュアル」や「オーラ」の語を定着させるきっかけとなった【4章参照】。

霊能者のテレビ番組の人気が一段落したあとには、「パワースポットブーム」という言葉もよく使われた。旧来の日本の神社仏閣が、雑誌、テレビなどのメディアにおいて、スピリチュアルなパワーを得られるスポットとして紹介され、これまで伝統宗教にはさほど関心がなかった層・年代にもアピールするようになった。

2000年代には、日本の現代宗教研究のみならず、人文・社会科学全般においても「スピリチュアリティ」がちょっとした流行語となった。

＊1　この点は、講義時における学生諸氏からのコメントペーパーにも示唆を受けた。

スピリチュアリティという語が最初に大きく注目されたのは、1980年代アメリカの「ニューエイジ運動」において「『宗教』は嫌だが『スピリチュアリティ』は探求したい」といった表現が使われたことにさかのぼる。つまりこれまでは、新しい時代の個人主義的な宗教性としてスピリチュアリティが語られてきた。ニューエイジ運動とは、チャネリング、瞑想法、ヨガ、トランスパーソナル、占星術、代替医療などを中心とする、個人的な霊性探求の実践の総体である。「ニューエイジ」という言い方は、新しい「水瓶座の時代」になると人類の意識が進化するという占星術の用語に由来する。日本ではほぼ同じジャンルが「精神世界」あるいは単に「スピリチュアル」と呼ばれてきた。

2002年より、精神世界を中心としたスピリチュアルの見本市スピリチュアル・コンベンション、通称「すぴこん」（のちのスピリチュアル・マーケット、通称「スピマ」）が毎月のように全国で開催された。そこに行けば、オーラ測定、波動療法、前世療法、スピリチュアル・カウンセリングなどが有料で受けられ、セラピー文化の一風変わったあらわれを窺い知ることもできた。なお、スピマは2017年に終了し、2022年現在、類種のイベントとして最大のものは「癒しフェア」である。

宗教学者の島薗進は、ニューエイジ運動や精神世界ブームをまとめて「新霊性運動」と呼び（島薗 1996）、イギリスの社会学者のポール・ヒーラスは、ニューエイジ運動を「自己宗教」（Self Religion）と呼んでいる（Heelas 1992）。つまり、伝統宗教の影響力が弱まっている時代の、個人主義的な宗教性としてスピリチュアリティは注目されてきた。

近年では、医療・看護・教育など、社会の公的な制度におけるスピリチュアリティにも注目が集まっている。特に、死期が近い人のケアを目的としたホスピスなどにおいて、患者の人生観や生き方に関する実存的な悩みに耳を傾けることも、スピリチュアル・ケアとしてとらえられるようになってきた。

しかし私自身は、特に学問の世界におけるスピリチュアリティの語の流行に、一定の違和感を覚えることもあった。

スピリチュリティを最初から「宗教とは違うもの」とみなしたり、あるいは「人生観に深く関わるものはみなスピリチュアル」と非常に広くとらえたりと、スピリチュアリティの定義は混乱してきた。だが、スピリチュアリティは、そんなにあいまいで、とらえどころがないものなのだろうか？

英語圏であれば、教会で祈ること、聖書を読むこと、エネルギッシュな礼拝に参加することも、すべてスピリチュアルな実践だと形容されるだろう。

日本の論者ではどうであろうか。宗教学の弓山達也は、女性誌『an an』のスピリチュアル特集で、識者コメントとして、スピリチュアリティを次のように定義している。

> わかりやすいのは、宮崎アニメにみる、木や川、すべてに魂が宿っているとの考え。宗教として確立していなくても人は昔から、目に見えない存在を自然と感じて敬っている[*2]

この定義では、若い世代にも親しまれている宮崎アニメを引き合いに出すことによって、できるだけ広いスピリチュアリティ定義をおこなっていると言えるだろう。

私は、1997年ごろから、スピリチュアリティを「超越的・超自然的な力や存在に、自己が影響を受けている感覚」と定義して用いてきた（小池 1997）。

ここでいう超自然的とはどのような意味だろうか。人の眼前に存在し、今ここで触れたり、科学的に測定できたりするものはさしずめ「自然物」であると考えられる。超自然とは、そのような自然物的なあり方を超えているようすのことである。つまり、この世のものというよりはあの世に属するようなもの。人間界というよりは神の世界に属するようなもの。そして物質的というよりは、どこか魂の領域に属するようなイメージ。それが超自然的、超越的なものごとのイメージである。人間が伝統的に用いてきた、神、ホトケ、霊、たましい、前世、来世といった概念は、いずれも超越的・超自然的な概念である。そういった、目に見えないものへの想像力こそが、スピリチュアリティへの意識をかたちづくってきた。

これまでも繰り返し主張してきたが、スピリチュアリティをこのように広くとらえれば、伝統宗教にももちろんスピリチュアルな側面はある。むしろ、共

＊2　『an an』2010年3月10日号、マガジンハウス、68ページ。

同体の中で、スピリチュアリティに関する事柄を専門的に扱ってきた職業集団こそが宗教集団である。

しかし、近年では宗教、組織に対する不信感から、「宗教団体」抜きでスピリチュアリティを探求したい人々も居る。それが、現代的なスピリチュアリティの特徴なのであろう。

ポピュラー文化におけるスピリチュアル関連商品の中で、2000年代に最大の話題となったのが、ロンダ・バーンの映画『ザ・シークレット』ＤＶＤとその書籍版である（Byrne 2006）。

ロンダ・バーンは、本職はオーストラリアの映像プロデューサーであるが、中年期に人生の大きなカベにぶつかった時、良いことを思えば良いことが起きるという「引き寄せの法則」の存在を知り、それに傾倒していったという。そしてバーンは、引き寄せの法則の力についての映画を作ろうと思い立ち、主にアメリカのスピリチュアル系、自己啓発系の作家たちによる証言をつづったセミドキュメンタリー『ザ・シークレット』を制作し、ＤＶＤで発表した。[*3]

書籍版の『ザ・シークレット』は、「引き寄せの法則」を紹介した自己啓発書でもあり、公式発表によれば、50以上の言語に翻訳され、3500万部以上の売り上げを記録したという。[*4] これは、単独のスピリチュアル系の書籍としては、間違いなく2000年代以降の最大のベストセラーである。

『ザ・シークレット』によれば、何か欲しいものがあれば、それを心の中で視覚化（ビジュアライゼーション）すれば良いのだという。映画版では、リビングルームのソファに座ったまま、理想の自家用車を想像の中で運転する男性の再現映像もある。書籍版では、次のような記述がある。

> あなたがイメージを頭の中で描き、感じる時、既にそれはもう、所有していると信じるところまで到達します。その最終結果だけに意識を集中し、それを手にした時の感情を体験するのです［……］宇宙に対

＊3　DVD『ザ・シークレット』（ロンダ・バーン制作、アウルズ・エージェンシー、2008）。

＊4　https://www.usatoday.com/story/entertainment/books/2020/08/14/the-secret-author-rhonda-byrnes-greatest-secret-out-november/3374285001/　2022年4月9日アクセス。

して の全幅の信頼を寄せているから［……］頭の中のイメージはもう既に完結したものとして捉えます［……］あなたの思いもあなたの存在の全てもそれを既に起きたものとして見ているのです。

ジョン・グレイ博士［……］「この本をあなたの人生に引き寄せたのはあなたです。もし、これが心地よければ、この本の内容を活用するか否かはあなた次第です。もし、心地良くなければ手放して下さい。そして、あなたの心と共鳴して、あなたを心地良くさせる物を何か見つけて下さい」［引用者注：中略は［……］で表す。以下同じ］（Byrne 2006=2007: 139-149, 286-287）

これは、3節で紹介したニューソート思想の再来とも言えるが、『ザ・シークレット』のような、スピリチュアル系の書籍を読むこともまた、現代的なスピリチュアリティ探求の一端である。

そして、そのように現代的なスピリチュアリティのみを主に探求する場合と、伝統宗教に関わる場合とでは、自ずとその関わり方に違いが出てくることも事実である。それを表にしたのが表1である。

つまり、現代的スピリチュアルのみに興味がある場合は、主に今ここの生に関心が強く、関わり方はどちらかというと実利的かつ部分的である。伝統宗教においても、今の幸福に関心がないわけではないが、死後の世界にも関心があるところに大きな特徴があり、出生の祝いから葬儀に至るまで、個人の人生の多くの側面に関わろうとする。

また、現代的スピリチュアルのみに関心がある場合、その探求は個人的な色彩が強く、それを選び取るかどうかは人それぞれの好みである。そうしたスピリチュアルの知識は、テレビ、インターネットといったマスメディアを介して広がることが多い。しかし伝統宗教の場合は、キリスト教なら教会、仏教ならサンガなど、そもそも集団を構成しやすく、その慣行は、マスメディアを通じてというよりも、家族の中で代々継承されてゆくことが多い。

そして、伝統宗教の行事に関わる場合、それはもはや暗黙の社会のルールとなっていることも多く、必ずしも個人の選択の問題とはならないことも多い。

表1

	現代的スピリチュアルのみ	伝統宗教
関心	今ここの生に関心	死後の世界にも関心
効能の範囲	主に実利的・部分的	包括的
組織性	個人的探求	集団を構成しやすい
選択の自由	選択するかは人それぞれ	社会のルールになっている
伝わり方	マスメディアを通じて広まる	家族によって継承される

あえて「現代的なスピリチュアル探求」と「伝統宗教」を対比的に述べれば、以上のような関わり方の違いがあると言えるだろう。[*5]

そして、まだ本格的な調査は多くないが、「宗教ではなくスピリチュアル」を主に探求している人々の平均像も次第に明らかになってきている。アメリカでの調査によると、「宗教ではなくスピリチュアル」を主に探求している人々の典型像としては、35歳以上の女性で、同世代よりも結婚率がやや低く、比較的高学歴だが、収入はやや低く、友人などの社会的ネットワークが少なめの人が多いという傾向があるという（Roof 1993）。もしそうだとすると、現世での不満感が、スピリチュアルな世界への誘因となっているのかもしれない。日本では、こうした属性に関する本格的な学術的調査はまだあまりおこなわれていない。

＊5　ただし江原啓之の場合、ちょうどこの表の中間に位置するようなスタイルでメッセージを説いていたとも言える。それは、江原のメッセージがお茶の間の家族に向けたメッセージであったことと無関係ではないであろう。

7　セラピーがスピリチュアルになる時

セラピー文化のルーツのひとつは、フロイトが19世紀末に始めた精神分析であると述べた。精神分析では、患者が寝椅子に横たわって目をつぶり、頭に浮かんでくることを自由に語らせた。精神分析は、その由来においては催眠術との連続性もあった。催眠術もまた、施術者と患者との信頼関係に基づいて、暗示によって自己表現をさせるという側面があるからである。

精神分析自体は、大した治療効果は上げられなかったが、フロイトは精神分析によって個人の「無意識」を探ることができると信じていた。

現在、カウンセリングは学校や企業でも普通におこなわれるようになった。カウンセリングでは、クライエント（相談者、患者）がカウンセラーに自分の問題を自分で語り直すことによって、自己の問題を発見したり、気持ちを整理したりすることを促そうとしている。それは、必ずしも問題の解決を約束するものではない。日本では、カール・ロジャーズ流の、クライエントの語りをそのままで受容する「非指示的カウンセリング（来談者中心療法）」が、技法・理論として根強い人気があった（小池 2022）。

催眠的なセラピー技法は現在でも用いられることがある。トラウマやＰＴＳＤを抱えた個人に対し、一部の民間のセラピストは「インナーチャイルド瞑想」なるものをおこなっている。たとえば、アメリカ西海岸で訓練を積んだセラピストの西尾和美は、ビデオ作品『自分を好きになるための7つのメディテーション』の中で、クライエント（この場合はビデオ視聴者）に対し、目を閉じて瞑想状態になり、心地よい空間を想像するように誘導し、その上で、インナーチャイルド ── トラウマに傷つく前の純粋無垢な自分 ── を思い浮かべ、その心の中のインナーチャイルドを抱きしめ、慈しむことを説いている。[*6]

また、一部のニューエイジ系のセラピストの中には、「前世療法」をおこなう者もいる（Weiss 1988）。これは、クライエントが横たわり目をつぶった瞑想状態の中で、セラピストによって「あなたはどこに居ますか」「そこはどんな

＊6　ビデオソフト『自分を好きになるための7つのメディテーション』（西尾和美、ヘルスワーク協会、1996）。

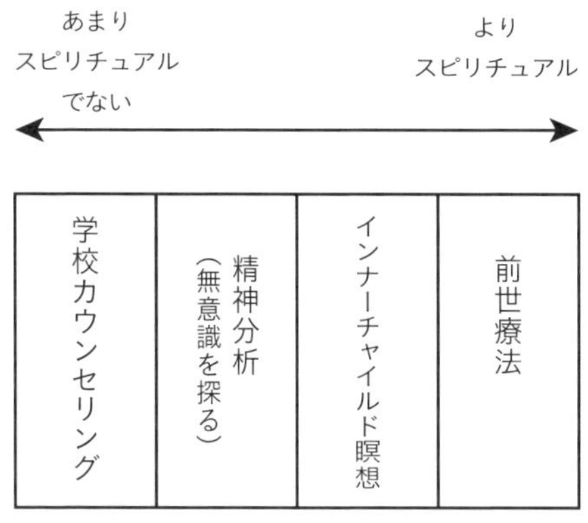

図１

時代ですか」「どんな風景ですか」と誘導されてゆくことによって、クライエントの「前世」を語らせて、そこでの発見をクライエントの現在の生活や悩み解消に役立てようというものである。一般的にも、セラピー的対話の中で自分の過去を思い出させたり、瞑想状態で幼少期の記憶を思い出させたりすることはよくおこなわれているが、前世療法ではそれが「前世の記憶」にまで行き着くのである。

さて、このように幅広いカウンセリング的、セラピー的実践のすべてがスピリチュアルだ（霊的な世界を前提としている）と考えるべきなのだろうか。おそらく否である。上に見たようなセラピー的実践が、どの程度スピリチュアルであるかということをチャートにすると、図１のようになるだろう。

何がスピリチュアルであるか／ないかということも、常に相対的な問題である。たとえば大学の学生相談所でのカウンセリング体験が「スピリチュアルだった」と述懐する利用者は、ゼロではないにしろ、あまり多くはないだろう。そして、学校カウンセリングに比べると、精神分析のほうが「無意識」という、目に見えないものを前提としているぶん、少しはスピリチュアルの入り口に立っていると言える。

これがインナーチャイルド瞑想になると、それ自身としては手で触れることもできない「インナーチャイルド」を、心の中に仮定しているため、スピリチュアルな要素は強くなる。そして、前世療法になれば、時間軸を超えた前世での自己にアクセスすることを志向するため、さらなるスピリチュアリティへと向かってゆく。

つまり、〈カウンセリング＝セラピー〉的実践の多くはスピリチュアルな（霊的な世界を前提とした）ものではないが、そこにもし神、ホトケ、霊、たましい、前世、インナーチャイルドなどの超自然的な観念が関わってきた場合、スピリチュアルな実践にもなりうるのである。[*7]

8　親密圏・公共圏の変容

社会学において近年、現代世界の親密性・公共性の変容が大きな話題となってきている。これは、スピリチュアリティとセラピー文化を考察する上でもきわめて重要であるため、最後に本節以降で考えてみたい。

特に近代以降、人間の生については、プライベートな領域と、公的な領域とが分化してきたと言われている。プライベートな領域とは、恋人や親友、家族などとの親密な関係性によって特徴づけられているような領域である。そのような親密性をめぐる生活世界は「親密圏」と社会学では表現されている。それは、愛情と親密さによって成立する、個人にとっての安全なはずの領域である（Giddens 1992）。

他方、個人にとっての仕事の領域や、政府、福祉、教育、公共サービスなど、生活における公共的な分野は「公共圏」と言われる。ユルゲン・ハーバーマスの先駆的な研究によれば、公共圏とは、民主的討議の場として想定されうる社会的な領域であるという（Habermas 1962）。

では親密圏・公共圏と、セラピー文化とは、どのような関係にあるのか。

＊7　こうした見解をめぐり、ある一人のスクールカウンセラーの方から、引きこもりのカウンセリングでも、クライエントが劇的な自己変容を遂げることはあり、そうした場合は、スピリチュアルな変容と呼べるのではないかとの疑問を提示されたことはある。このあたりの事情を完全に整理する術を現段階ではもっていないが、スピリチュアリティについては①伝統宗教のスピリチュアリティ、②伝統宗教の枠外でスピリチュアルと形容されるスピリチュアリティ、③通常はスピリチュアルとはあまり形容されないスピリチュアリティの3種が論じられているように思われる。

カウンセリング自体、自己開示ができる時間と空間を、契約的にクライエントに提供するという性質をもつ。すなわち、カウンセリングとは、少なくとも表面的には、親密さを活用してゆく実践であると言える。グループセラピーや自助グループではさらに、小集団の中の親密さを個人の成長に役立てようとする性格を持っている。

現代の親密性をめぐる研究では、家族よりも自助グループのほうが高く評価されることもある。フェミニズムによって、近代家族のもつ暴力的・抑圧的な構造が明らかになり、親密で安全であるはずの家族という場そのものに、疑問が投げかけられてきた。

また、親密圏におけるセラピー的な語りのひとつの中核となっているのが、ＰＴＳＤなどを中心とするトラウマをめぐる言説である。

本章５節で「被害者化」の概念を紹介したが、現代社会において全般的に「被害」の語りが拡大してきている。それは、私的トラウマを公的にうったえる流れであるとも言える。

このように見ていくと、親密圏・公共圏というものは実は固定的な領域区分ではなく、親密圏と公共圏の新たな線引きがおこなわれる場面にこそ、大きな社会的意義があるのだ。

また、ほとんどあらゆる社会運動も、親密圏において隠蔽されてきた問題を、公共圏にうったえていくという側面をもつ。その典型例は「私的なことは政治的なことである」と主張したフェミニズム運動であろう。

スピリチュアリティと親密圏・公共圏との関わりはどうであろうか。スピリチュアリティを超越性の次元だと定義すれば、たとえばニューエイジ運動における個人の霊性探求は、親密圏におけるスピリチュリティという側面をもっている。公共圏におけるスピリチュアリティというものがもしあるとすれば、戦没者の慰霊や、災害・天災時における「祈り」といった言説がまずは思い浮かぶだろう。

９　セラピー化する公共圏、インターネット化する親密圏

島薗進は、宗教が個人化する時代は、再び個人が宗教化する時代でもあり、

スピリチュアルケアや生命倫理の問題をめぐって、宗教性が再び公共圏に関与してくる度合いが増してきていると示唆している（島薗2004）。

しかし同時に、セラピー的な対話のテクニックもまた、公共圏において、かつてない勢いで用いられるようになってきた。むしろ、明確に超越性をもつスピリチュアリティよりも、インターパーソナルなコミュニケーションを活性化させるセラピー的対話のほうが、その広がりはより可視的である。初対面の人たちが集う会合などでちょっとしたゲームなどをして緊張を解きほぐすことは「アイスブレイク」と呼ばれ、現在たいへん広まってきた。

公共圏におけるセラピー的対話の事例をここで紹介したい。たとえば、ワールドカフェという対話実践がある（Brown and Isaacs 2005）。[*8] これは「決めない会議」とも呼ばれるものの一種で、あるていど大きな集団が4名ほどずつの小集団に分かれ、コーヒーなどを飲みながら、1個のトーキングバトン（それをもっている人だけが発言できるというしるし。ぬいぐるみなど、使う物は何でも良い）を手渡された人から順番に発言し、思いついたこともどんどん模造紙などに書き出し、次第に集団での発見･気付きへと導いてゆこうとするものである。現在、ワールドカフェは市民運動や企業研修で用いられたり、企業の会議手法のひとつとしておこなわれたりしている。

また「カタリバ」というＮＰＯ活動も注目を集めた（上坂2010）。これは、高校生などを対象に、やはり小グループに分かれ、それぞれのグループに年長のボランティアが入り、対話を促すことで、将来の夢や目標、自分のあるべき姿などを若い人に自覚させてゆくという自己発見のプログラムである。総合学習の時間に体育館などの広いスペースでおこなわれたこともあるという。

また、社会学者で、グリーンアクティブ（「緑の党」のようなもの）発起人でもあった宮台真司は、原子力発電の是非などをめぐる問題については「コンセンサス会議」を市民レベルで広くおこなっていく必要があるとかつて主張した。[*9] コンセンサス会議とは、市民生活に大きな影響を及ぼす計画などについては、専門家が市民の前でその計画をプレゼンテーションし、それを受けた素人であ

＊8　カフェのようなくつろいだ状況のほうが、いろんなアイディアが出やすいという発想に基づいたネーミングでもある。

＊9　http://www.miyadai.com/index.php?itemid=970　2012年7月1日アクセス。

る市民たちが、市民同士で徹底的に討議し、その計画の是非を決めていくというものである。ワールドカフェもカタリバもコンセンサス会議も、人工的な対話の機会を公共的な討議に活用していこうという志向性が窺える。

公共圏におけるセラピー的発想の広がりがいちばん顕著なのは、5節でも見たように、司法の領域である。欧米では早くからこうした動向をめぐって「セラピー国家論」なる議論まである（Nolan 1998）。ここでいう「セラピー的」とは、犯罪者の処遇、市民の管理などをめぐって、心理療法的・精神医学的発想や技術などがますます導入されてゆく事態を指している。

上からの論理で形式的・抽象的に問題を解決するという、近代的な「正義の倫理」がもはや限界に来ており、それに代わって、むしろ状況的・文脈的に当事者のニーズに応えようとする「ケアの倫理」がそこでは期待されているといえる。セラピー的なケアの倫理によって、従来は私的な領域に属すると思われていた問題が公的な領域で論じられるようにもなる。そうしたプロセスはまさに公共性の再構築でもある。

このように考えてくると、現在、われわれの生活における、親密圏・公共圏が大きな変容を遂げていることが見えてくる。

人と人とのつながりが希薄化してゆくなかで、公共圏はますますセラピー化している。言い換えれば、従来のしがらみが薄れてゆき、人間同士が疎遠になるからこそ、様々なセラピー的技法で「アイスブレイク」されなければならない状況が出現しているのである。

では、現在のわれわれの親密圏にもっとも大きな変化を直接与えているものは何なのだろうか。そのひとつはおそらく、インターネットだろう。

「Yahoo! 知恵袋」、「発言小町」など相談サイトでは、昔ならば同僚や家族に話していたような様々な身の上相談が多数やりとりされてきた。インターネットの掲示板での相互作用が書籍化された『電車男』（中野2004）、『今週妻が、浮気します』（GoAhead & Co.2005）もまさに、個人の親密性をめぐるやりとりが電脳化された事態を反映しているのである。

もちろん、インターネットで知り合った者どうしで結婚する「ネット婚」の増加も、親密性の新たなかたちであろう。

冷戦の終焉は「こころ」問題の相対的な浮上をもたらした。セラピー文化は、社会のマクロ構造がいっそう新自由主義化してゆく時代に、心理学的な装いをもって、個人のミクロな感情をケアしようとする。しかしそれは、市民のこころの領域を管理するものだとして、批判的にとらえられることもある。海外のセラピー文化研究は、セラピー文化「批判」が中心であるほどだ。

人権意識の拡大によって、個人の災厄はさらに強調されるようになった。災害時における被害者のトラウマ、ＰＴＳＤなどもクローズアップされるようになった。リスクマネジメントの時代に、個人のトラウマを強調することは、専門家による新たな管理であり、個人の弱さの確証となってしまうのか？　それとも、従来はないものとされていた個人の「声」の尊重なのか？　おそらくその両方の可能性があるだろう。

個人化してゆく社会では、新しい共同性のあり方が常に模索されている。セラピー化する公共圏と、インターネット化する親密圏は、そうした共同性の変化があらわれてくる最前線であろう。

ではスピリチュアリティは、公共圏・親密圏の変容とどのように関わっているのであろうか。個人の趣味の領域として、スピリチュアルな情報にいつでもアクセスできるようになったことは「インターネット親密圏」での特徴であろう。しかし公共圏では、公共的であるがゆえに、超越性への言及（霊、神など）は直接には避けられる傾向がある。たとえば公共圏において「スピリチュアリティ」という言葉が実際に、頻繁に使われるという場面はまだ限定的なものにとどまり、むしろ世俗的かつセラピー的な対話実践のほうがまだ優勢であろうというのが、私の率直な見立てである。

10　現代人の世界観へ

以上、カウンセリング／セラピーの多くはスピリチュアルではないが、神、霊、前世、インナーチャイルドなどの「目に見えないもの」が関わると、スピリチュアルな色彩を帯びてくるということが明らかになった。

そして、スピリチュアリティと宗教とは別物ではないということである。神道も日本仏教も、海外から見ればジャパニーズ・スピリチュアリティにほかならない。

英語圏においては、ニューエイジとは「非キリスト教的な文化の総体」であるといった議論もあった（Bainbridge 1997）。しかし日本では、日本のカミ、ホトケ、先祖霊、自然霊（海の神、山の神など）も、やがてスピリチュアルなものとしてとらえられていくだろう[*10]。すでに、パワースポットブームの特集本などでは、日枝神社や伊勢神宮といった伝統的な神社仏閣が、スピリチュアル・スポットとして再発見されている（ランドネ編集部 2010）。元首相の麻生太郎でさえ、靖国神社をめぐって、自身のホームページで次のように述べた。「靖国には、遺灰とか遺骨といった、物理的な何かはありません。あるのは御霊という、スピリチュアルな、抽象的なものです」[*11]。

教会のような組織抜きで、自然の中などに霊を感じるといった昨今のスピリチュアリティのあり方は、むしろ日本の伝統的な宗教観に近い。いわばスピリチュアリティが曖昧で、何でもスピリチュアルだととらえられがちなことこそ、日本のスピリチュアリティの特徴なのである。

セラピーは、親密さを心理学的に扱うことによって、個人を公共的なものにつなげる役目を果たそうとしている。つまりセラピーは、個人と社会とのバランスを図る営みなのである。セラピー文化は、理想の人間像として「自己実現」言説を、理想的でない苦難の状況としては「トラウマ」言説を拡大再生産している。セラピー文化は、グローバル化する社会のあるべき自己像や、共同体像をも示している。

セラピー文化〜心理主義への評価は、良く言っても両義的なものだろう。悩みを抱えた人を癒そうとする反面、アスペルガー症候群や注意欠陥・多動性障害（ADHD）といった概念の普及については、昔なら単に「ちょっと不器用」ととらえられていた人までも「病人」に仕立て上げているのではないかという批判も考えられる。これは、社会の医療化（Medicalization）という問題のひと

＊10　この点に関して言えば、スピリチュアリティなどという言い回しに親しみのない日本の高齢者にまで、西洋流のスピリチュアルケアをいきなり導入することには違和感を覚える。「死んだら自分の親や先祖とも再会できる」「人は死んだらホトケとなる」「どこの墓に入りたいか」といった、日本人の宗教観をふまえたホスピスケアをむしろおこなうべきではないだろうか。

＊11　http://www.aso-taro.jp/lecture/talk/060808.html　2012年7月1日アクセス。

つでもある。

また、セラピーの論理は、消費社会や広告・宣伝の論理とも結びつきやすいという批判もある。なぜなら、これこれの商品を購入すれば（これこれのセラピーを受ければ）あなたも「自分らしい」ライフスタイルを得られますよということを、まさに他人から教化される姿勢であるからだというのだ。またセラピーは、昨今の新自由主義 ――競争的資本主義を促進して小さな政府を志向し、時に多国籍企業が国家以上の力をもち、国内外の格差がいっそう拡大していく傾向―― を暗黙に促進するものだとの見方もある【9章】。企業で成果主義が導入されたことによって社員のうつ病が増え、それへの対応としてメンタルヘルスの専門家が職場に導入されることなどはその例なのだろうか。

しかしながら、個人を救おうとする制度・仕組みが、新たな管理につながってしまうこと自体は、人間の歴史にはよくみられるものである。過去の宗教、社会主義、教育もまた然りであった。

人間の社会には、いつの時代でも理想の自己像を規定するある種の世界観があり、それが個人を解放もすれば管理もするのである。現在はその世界観のひとつがセラピー文化なのであり、そうした動きを分析することはまさに社会学の営みである。

心理学的な知とは、現代社会における「真理」が政治的に構築される場でもある。そうしたセラピー文化の研究に関しては、社会学、心理学のみならず、哲学・思想や宗教学なども含めた、学際的な連携が期待されているとも言えるだろう。

公共圏では、ますますセラピー的技法が導入され、親密圏においては、人々が、プライベートな生活に相応しい情報をインターネットで見つけ出して自己を再編成している。公共圏と親密圏の境界は溶解しつつある。役所の公務員が笑顔を表出するいっぽうで、本来デジタルな公共空間であったはずのインターネットにおいて、個人の欲望が渦巻いているのも、非常に現代的な光景なのである。

第 I 部

セラピーと公共圏をめぐって

When Psychotherapy Becomes a Religion

セラピー集団の宗教化？

本章では、1999年に千葉・成田のホテルでミイラ化した遺体を安置し続け、さらにそれを生きていたと主張した自己啓発セミナー、ライフスペースを再考する。心理療法的なエクササイズ中心だった自己啓発セミナーは、いかにして死体を生きていると主張するまでに変貌を遂げたのだろうか。

1　精神世界、心理学ブーム、スピリチュアリティ

用語としてのスピリチュアリティは、もともと英語であり、ハート（こころ）・マインド（あたま）・スピリット（魂）を分けて考える文化の産物でもある。この点、日本ではこの3つをそもそもあまり区別せず、spiritualityの訳語が「精神性」となっている場合も多かった。しかし鈴木大拙が言うように、霊性とは要するに宗教意識のことであり（鈴木 1972）、宗教的活動における個人の内的な側面と考えてよいであろう。ニューエイジ運動と精神世界を総称して、島薗進は「新霊性運動＝文化」と呼んだ（島薗 1996）。

1990年代以降、スピリチュアリティは、さまざまなムーブメントの中で、ある種の期待をもって受け取られてきた。それはあえてまとめれば「個人の宗教体験を広がりのある、良いものに開いていくための、内的覚醒」というよう

な意味でとらえる場合だ。本章においてはスピリチュアリティは「超自然的・超越的な力や存在に自己が影響を受けている感覚」とだけとらえ、特には肯定的な含みを与えない。スピリチュアリティによって、人間解放が起こることもあれば人間疎外が起こることもあり、その両面を見ていく必要があると私は考えるからである。

本章で取り上げる「自己啓発セミナー」は、精神世界と心理学ブームの双方にまたがる存在であった。そして、その勧誘や短期間での意識変容体験が、新興宗教のようにとらえられることも多かった。そして、ここで取り上げるライフスペースの事例によって、それはカルト問題として語られるようにもなっていった。

2　自己啓発セミナーとは何か

短期間で受講者のこころを変えてしまうという「洗脳セミナー」「人格改造セミナー」が知られるようになって久しい。それは、バブル期のブームとも言われ、1980年代後半から1990年代前半にかけて、日本でも都市部を中心に口コミで広がった。本章ではそれらのセミナーを「自己啓発セミナー」と呼ぶ。自己啓発セミナーは、心理学的なゲームやセラピー的な実習を体験しながら、自己を知り自分の可能性を実現するという、数日間の有料のイベントである。

自己啓発セミナーは、1970年代のアメリカで、セールスワークの領域から生まれた。当時、化粧品のマルチ商法ホリディ・マジックを主宰していたウィリアム・ペン・パトリックによる研修会社「リーダーシップ・ダイナミクス・インスティテュート」と、元教師アレキサンダー・エベレットによる、瞑想などをミックスした独自の能力開発のプログラム「マインド・ダイナミクス」（のちにパトリックも出資者になった）の2つが、現代の自己啓発セミナーの直接の原型である。マルチ商法の販売員向けのハードな研修と、瞑想を主体としたソフトな癒しのプログラムが、当時から混在していたことがわかる。

ホリディ・マジックの、自我を崩壊させんばかりの研修の様子について、ジャーナリズムでは下記のような記述さえあった。

> 参加者は『あらゆる権利と請求権の包括放棄同意書』にサインさせられる。そしてホテルの部屋の入口には見張りが立ち、一種の監禁状態に置かれる。参加者は自分の経歴、問題点の告白を強制され、問いに対していい加減な答えをすると殴られもした。裸にされ、ツバを吐きかけられ、床に引き倒され踏み付けられることもある。本人が、自分のコンプレックスを含めて総てを話したと認められると、突然扱いが変わり、全員から祝福されたという。（高原 1991: 147）

マインド・ダイナミクスに感銘を受け、そのトレーナーも務めた元セールスマン、ワーナー・エアハード（本名ジョン・ポール・ローゼンバーグ）が、そのアイディアを拝借して、禅や心理療法宗教「S」の考え方も加味して1971年にスタートさせたのが「エアハード・セミナーズ・トレーニング」、通称エスト（est）だった。アメリカではこのエストが有名になり、自己啓発セミナーの代表格であった。

もうひとつ、やはりホリディ・マジックやマインド・ダイナミクスにかかわっていたロバート・ホワイトが、ジョン・ハンレーらとともに1974年に興したのが「ライフスプリング」社である。

ロバート・ホワイトは社内での対立で同社を去り、1970年代後半に来日し、やがて日本で1977年に「ライフダイナミックス」社を設立する。当初はセミナーも英語で開講されていたり、在日アメリカ人などを相手にしたりしていたが、やがてプログラムを日本語に直し、日本人の個人向けのセミナーを開始した。セミナーのプログラムの大きな流れ自体は、同社が1999年に業務終了するまで変わらなかった。

ライフダイナミックス流のセミナーは、プログラムの模倣が容易であり、費用も会場代くらいしかかからず、また質を問わなければファシリテーター（トレーナー、講師）も結婚式の司会程度の話術があればできる。それゆえライフダイナミックス開業以来、セミナー受講者や元トレーナーが、似たようなプログラムのセミナー会社を次々と設立した。最盛期には100社単位で存在していたとされている。

自己啓発セミナーは、思想的にはヒューマン・ポテンシャル・ムーブメントの産物であると言われる。他にも、自己啓発セミナーのプログラムは、ナポレオン・ヒル『思考は現実化する』（Hill 1937）などの自己啓発書、「デール・カーネギー話し方教室」などにもヒントを得ている。セミナーは、書店で容易に手に入る「ビジネス人生論」のような世界とも近いのだ。

自己啓発セミナーを、精神世界／ニューエイジ運動の一部であると考える論者もいる（芳賀・弓山 1994；島薗 1996）。共通しているのは、いわゆる教団を構成しない点、意図的に自己変容を引き起こそうとする点、正統的・学問的実践としてというよりは、民間レベルで広がりをもつセラピー的実践であるという点などである。しかし多くの初期の自己啓発セミナーには、明確にスピリチュアルな要素はどちらかというと希薄であり、超越的世界観が前面にあるわけでもなかった。スピリチュアルというよりはインターパーソナルな（対人関係にかかわる）レベルの実習に終始することが多かったとも言える。

また、その操作性などもあり、ニューエイジ運動の当事者の中には、自己啓発セミナーをニューエイジの一部とはとらえない人もいた。むしろ、理論的にはポップ心理学を下敷きにしながら、受講者の中にはニューエイジ的世界が開かれるきっかけとなった人もいた、というあたりが実態であろう。ここでは、過去の宗教社会学の論考において、自己啓発セミナーが広い意味でのニューエイジと地続きの現象ととらえられていたと確認するだけで充分であろう。

1990年ごろまで、日本の調査でもアメリカの調査でも、自己啓発セミナーの参加者は都市に住む20代後半-30代前半の人々が多く、相対的に高学歴で（3割前後は大学院経験者）、女性がやや多いとされてきた（井上編 1992；Tipton 1982）。日本では、アメリカからセミナーが上陸してから2001年ごろまでの間におよそ20万人前後がセミナーを受講したと推測されている。

自己啓発セミナーの多くは、3段階方式のコースを開講している。それは、次のようなものである。

第1段階：ベーシック――2～4日間ぐらいの通い。10万円前後
第2段階：アドバンス――4日間ぐらいの合宿形式。20万円前後
第3段階：エンロール――3カ月間ほどの通い。無料～5万円ほど

大まかに言って、第1段階で自己の殻に気づき、第2段階でその殻を打ち破り、第3段階で、そのリニューアルした自己でセミナーの新規顧客の勧誘活動をする、というプログラムだった。したがって、セミナー参加者の多くは口コミで勧誘された人であった。

この3段階システムが多くの自己啓発セミナー会社におけるほぼ変わらぬ特徴であり続けたが、中にはさらに高額の上級コースを設けたところもあった。

セミナー中、参加者は感情豊かな自己表現が奨励され、知性化を排し本音の自分と向き合う。実習の内容はさまざまである。椅子に座ってお互いに向き合い、率直な印象をぶつけてもらうもの。講師から問いつめられたり、あるいは小グループで一人の人が徹底的に他の人たちからネガティブな批判をされたりするもの。沈没する船にいるという設定で、生き延びて欲しい人を投票して選ぶゲーム。またいっぽうで、涙を誘い抱擁させ合うような「感動的」な演出も用意されていた。こうした3段階方式のセミナーのメッセージを要約すれば、次の4点になるだろう。

1　人間は誰もが自分の中に素晴らしさ（潜在能力）をもっている。
2　人間は特定のフィルターを通して世界を見ている。そしてそれは変えられる。
3　自分の人生は自分に責任がある。ゆえに人生はすべて選択である。
4　以上3点の帰結として、われわれを支配している心的メカニズムを適切な方法で知れば、自己の殻を打ち破り、可能性を実現できる。

しかしながら、閉じた空間でのセラピーの論理を、いわば外部に強引に持ち出す「勧誘」の実践は当初から批判され、セミナーに新興宗教的な印象を与えてきた。芳賀学は次のように述べている。「エンロール［勧誘］は、最も社会の批判が強いエクササイズ［実習］でもある［……］本気で勧誘することと、勧誘実績の過剰な重視やマニュアルの作成は別問題である。なぜならば、後者では、エンロールはエクササイズとしての意味を失い、本末転倒しているからである。セミナー会社の中には、この点で批判を免れえないところもある」（引用文中における、引用者による補足は［］で示す。以降も同様）（芳賀・弓山 1994: 181-

182)。

1990年代後半に、インターネットでは自己啓発セミナー批判サイトが非常に盛んとなり、またライフスペース事件を契機に、自己啓発セミナーは反カルト運動からも注目を集めるようになった。批判的なインターネット情報は、一時の密室の経験を批判的に相対化するのを助け、現世への「再回心」さえ促すこともあった。中には、悪いイメージを避けて、自己啓発セミナーと呼ばれることを否定するセミナー会社も存在していた。

自己啓発セミナーは、1980年代後半には拡大したものの、1991-92年をピークとして業界自体は縮小傾向にあり、就職活動対策や社員研修に特化した一部のセミナー会社などが2000年代にしばしば報道された。

3　ライフスペースとミイラ事件

日本の自己啓発セミナーの世界も、当初はほとんど純粋に心理療法的なゲームなどを中心としたものであったが、その歴史の中で、次第にスピリチュアリティへの関心を少しずつ高めていったとする見方がある。瞑想や呼吸法、そしてヨーガなどのインド宗教への接近が、自己啓発セミナー業界全体で見られた。X-JAPANメンバーToshIの「洗脳騒動」で有名になったホームオブハート／レムリアアイランドも、チャネリングなどのニューエイジ的実践に傾いていった。そして、そうした傾向をもっとも深化させたのが、名古屋に本拠を置いていた「ライフスペース」社（登記上は有限会社）であった。

(1)　ライフスペースの歴史：3段階セミナーからの変化

ライフスペースは、高橋弘二（1938-2015）を代表とする団体であり、自己啓発セミナーの業界では大手のひとつであると認識されていた。そもそも高橋弘二は自己啓発セミナーの老舗ライフダイナミックスの大阪支社を任されていたのだが、経営上の方針などで対立し、1983年に「ライフスペース」として会社を独立させている。独立当初から1990年ごろまでは他の自己啓発セミナー会社と同様、心理療法的実習が中心の3段階方式のセミナーをメインに実施していた。

しかしながらライフスペースは、ちょうど「バブル崩壊」以後、受講者数の減少に直面することになったという。もともと、1998年ごろから瞑想だけのためのプログラム「CAMBセミナー」も存在していたライフスペースであったが、1991年ごろ、高橋弘二は「ビジョン」（その人が持って生まれてきた使命、天命）という概念を持ち出すようになった。そして高橋は、あなたのビジョンは花屋だ、レーサーだなどと、受講者の「ビジョン」を言い当てるようになる。1993年末にはついに3段階方式のセミナーは廃止され、受講者が高橋弘二から、ただビジョンをうかがうというセミナー「ビジョン1」（50万円）が登場する。このころから受講料をめぐるトラブルが起こり始めるが、やがて1995年には受講料500万円の「ワークショップ8」も開講されることになる。1996年にはこのコースはサポートセミナー（SS）と呼ばれるようになり、コミュニケーションセミナー（CS、200万円）、ハートセミナー（HS、100万円）とともに統合され、「シャクティパット」とも呼ばれる総額800万円の3Sセミナーとなった。ライフスペース側の発表によると、2002年ごろまでののべ参加者数は、ビジョン1セミナーが1130人、3Sセミナーは「数百名」だという（釣部 2002）。1997年当時で、開講コースはチラシにあるだけで10以上あり、呼吸法、気功、あるいはバジャン（インドの宗教歌）などさまざまであった。多くの他の自己啓発セミナーでは、半年ぐらいで受講者はほぼ全員入れ替わり、基本的に受講後にセミナー会社に戻ることはほとんどない。だが、ライフスペースは、熱心に信奉する少数の支持者から、何度も高額の受講料を取るという方式に次第に移行していった。

こうした変化はどのようにとらえられるだろうか。旧スタッフの証言によると、「金儲けのために方向性を転換したにすぎない」という意見から「高橋弘二はもともとスピリチュアルなことに関心があった」という意見までさまざまであった。

だが当時、高橋弘二の近くにいた別の元スタッフや受講者は、ビジョンや高額セミナーの導入について次のように説明した。[*1] 確かにセミナー中の高揚した気分の時は、相手のことを驚くほど言い当てられるような気になることはあ

＊1　当時のメンバーに対するインタビュー取材による。

り、ビジョンもそうした意識から出てきたもののひとつだろうというのである。そして受講者の減少していた時期に、高橋弘二という一人のリーダーに方向を決めてもらいたいという、ある種の依存心が受講者やスタッフの側にあり、また経営難という側面もあってビジョンセミナーは導入された。しかしビジョンの一方的な「決定」は、不可避的にビジョンの「失敗」という事態をも生み出した。高橋弘二に言い当てられた職なり目標なりでうまくいく人がすべてではないからである。そこで高橋弘二はそうした事態に対処して「さらに太い『気』を通すために上級のセミナーを受けなさい」などとすすめ、さらなる高額のセミナーが導入されていったというのである。

(2) 風呂行事件：社会との対立

1995年2月には、ビジョン1セミナーの風呂行（熱い湯につかるというワーク）に参加中の大学生が熱中症により死亡し、その大学生の両親が損害賠償を求める訴えを起こした。1996年には高橋のグル化がさらに進み、信奉者の一部は共同生活をおこなうようにもなった。1992-96年ごろの変化によって、多くのスタッフや受講者はライフスペースを離れたが、高橋を信奉する熱心なメンバーだけが150人ほど残った（米本 2000: 72)。また、信奉者の家族や元受講者を中心に「ライフスペースを考える会」が1996年10月に結成され、精神科医、弁護士、ジャーナリストなどからのアドバイスも受けながら、マスコミがライフスペースの行状を取り上げるようにと積極的に働きかけていった。こうした流れの中で、ライフスペースはマスコミの注目を集め、社会との緊張関係を強めていった。[*2]

そして1996年ごろには新規の参加者というものはほとんどなくなり[*3]、1997年ごろにはついに「ライフスペースは『自己啓発』を目的とするものではない」という趣旨の発言も目立つようになる。1997年10月24日には、風呂行事件の審理で、京都地裁に高橋弘二が出廷する予定であったが、「自分は

＊2　毎日新聞1997年1月8日「ビッグ追跡　代表は『グル』ライフスペース」、フジテレビ1997年5月8日放映・ニュースJAPAN「高額の参加料――あるセミナーの実態」などをはじめとして、次第に報道が増えていった。

＊3　ライフスペースに着目していた複数の関係者の見解による。

体に血が一滴も流れていない、血が一滴も流れていないということは法律上は死人である、死人が出廷する義務はない」という趣旨の文書を提出して出廷を拒んだ。

サイババに傾倒し、自身も「グル」を名乗るようになった高橋は、髪や髭を伸ばし、えびとそばとトマトだけを食べて生きていけるようになったとか、人間の細胞ひとつひとつに書かれたDNAの情報を読めるようになったと主張した。ライフスペースは「自分のためのセミナー」ではなく、すべてはサイババに奉仕する目的のもので、ライフスペースはその歴史の当初からそのつもりであったと主張した。[*4]

高橋弘二は、自己の活動もすべてサイババのメッセージによるものであるとさえ主張するようになった。自分はサイババの道具であり、サイババの「物質化現象」のひとつであり、自分が受講者に施すシャクティパット（額から精神エネルギーを注入する一種の儀式のこと）も、すべてサイババのエネルギーを送っているものであるというのだ。自分はサイババとは前世からの2千年来の師弟関係にあると言い、「1997年8月15日にはサイババからその世界にアナウンスがあるだろう」と「予言」もした。しかしながらサイババの日本窓口であるサティア・サイ・オーガニゼーションは、高橋弘二とサイババには何の関係もないという趣旨の警告を発した。また、サイババからいかにしてメッセージを受け取っているかについて、フジテレビが文書で質問したところ、それはすべてチャネリングで受け取ったものであると回答した。

また同じ頃、『サイババはどのような思い方をするか』（高橋 1997）をはじめとして、高橋弘二の著作を次々と自費出版するようになり、マスコミや一部の個人に送りつけていった。本の内容は次第に荒唐無稽なものとなり、根拠のない「定説」が多く載るようになっただけでなく、日本語の表記や出てくる英単語のつづりさえも奇怪なものとなっていった。本には「経営学」「大学講義録」などの題名はついていたものの、実際の内容は、カルト視され批判されることへの弁明・抗議が多かった。著者経歴には、次のような記載がある。

＊4　1999年に、会社謄本における有限会社ライフスペースの目的が、「自己啓発セミナーの開催、提供」から「インド教育哲学者であるサイババの教育システムに基づく、セミナーの開催、運営」に変わっている。

> サイババからのメッセージにより、
> 1 シャクティパットグルは、高橋弘二である。
> 2 シャクティパットグルは、日本人である。
> 3 シャクティパットグルは、次の14の仕事をする。
>
> > 1 サイババの究極の物質化現象であるシャクティを使って、病氣（ママ）の治療をする。
> > [……]
> > 11 グルのモデルとしての生き方をする。
> > 12 サイババの後継者になる、ということに関して、必要な一切の仕事をする。
> > 13 インド国の大統領顧問を引き授ける。
> > 14 国連の最高顧問として就任し［……］（SPGF 1998）

（3）グルとの共同生活：ミイラ事件へ

受講者の激減を受け、1998年には東京、大阪、名古屋のライフスペースのセンターは閉鎖となる。それと前後して、ライフスペースの本はシャクティパットグルファンデーション（SPGF）という団体からの発行というかたちを取るようになった。また、スタッフで別の会社の経営者でもあった大久保浩正は、高橋に言われ6億円をライフスペースに「預託」し、以後ライフスペースの金庫番になったということを自費出版本の中で述べている（大久保 2002）。1999年1月には、カルト呼ばわりしたとして、マスコミ、弁護士、学者、そしてインターネット上の個人など20人を相手取り謝罪広告掲載要求の裁判を起こした（2000年までに訴えはいずれも却下）。

同年、高橋と一部のスタッフは千葉・成田のホテルに常駐するようになった。[*5] そして高橋は、脳出血で倒れた受講者小林晨一（当時66歳）を治せると主張し、800万円の3Sセミナーの受講をすすめ、同年7月2日に、小林の息子（当

＊5　この段落の記述は、裁判資料および事件報道による。

時ライフスペースメンバー）やスタッフらに成田のホテルまで小林を運ばせた。高橋のシャクティパットの甲斐なく、翌日、医学的な意味で小林は息を引き取ったが、高橋は小林が生きていると主張し続けた。そればかりか、遺体が腐乱しミイラ化していく様子を『小林晨一闘病ドキュメント』として写真付きの本を作成し、東京地裁、謝罪広告請求裁判の被告側弁護士に送りつけた。これがきっかけとなり、ミイラ化した遺体が11月11日に警察によって発見された。これが、マスメディアでも大きく報道された「ミイラ事件」である。

遺体発見の一週間後、高橋とメンバーたちは茨城のホテルに移動して記者会見をした。その様子は、各紙・スポーツ紙・テレビでも報道されたが、世間に驚きと嘲笑を巻き起こした。11月24日には関連住居の家宅捜索があり、共同生活を送っていたメンバーの子供たち９人が一時保護された。小林晨一の遺族から被害届などが出されなかったために逮捕は遅れたが、最終的には2000年２月下旬から、高橋は殺人罪で、小林の息子は死体遺棄の容疑で、他の８人のメンバーとともに逮捕された。小林の息子と高橋以外は、やがて処分保留のまま保釈となった。

(4) 事件への評価——ミイラ事件、法廷へ

事件後も、ライフスペースの残ったメンバーたちは、高橋のシャクティパットには効果があり、小林晨一は生きていたのに警察によって「殺された」のだと主張した。のちの出版物では代替医療への評価さえ見られた（釣部 2002）。

しかし、2002年２月５日の千葉地裁での高橋への一審判決はたいへん厳しいものであった。危険な状態になるとわかっていて小林を移動させたのは殺人罪を構成しうる。高橋が自身のシャクティ治療の効果を信じていなかったのは明らかで、信奉者に能力を示す手前、そして800万円の収入目当てに小林を移動させたものである。『小林晨一闘病ドキュメント』を自分から送付したのも、小林の死亡の事実から一時的に目を逸らさせて、やがて誰かに責任転嫁しようとしたことのあらわれである、と。判決文では、次のように述べられていた。

そもそも被告人は、自身がサイババに指名された「シャクティパットグル」であるなどと称し、常人にはなき能力を有しているかの如く振る舞

> い、到底存在するとも思い難い「定説」や、まったくもって出鱈目でしかない「判例」などを口にしながら、周囲を自己の信奉者らの組織で固め、「シャクティ治療」と称して極めて高額の参加料をその信奉者から徴収するなど、その信奉者達が提供する資金を吸い上げることで放蕩生活を送る中で本件に至っているのである。

> また現代医学を批判して「シャクティ治療」の有効性を吹聴する被告人を信ずる者の手前、効果のあり得ない「シャクティ治療」の効果を示す振りをしてその信をつなぎ止め、自己の立場を守るために、本件犯行に及んだものであることが窺われるが、それは結局自己の地位、立場、現在の生活、虚栄を守るためだけに、何ら罪のない被害者の生命を奪う犯行に及んだということに他ならないから、かかる自己のエゴから本件に及んだその犯行動機は浅ましさの極みであって、酌むべき事情は全く存しない。

> 被告人は［……］補充意見書なる書面において、自らの意に沿わない検察官や弁護人、果てはあろうことか裁判長にまで「定説によれば死刑、準死刑」などの児戯にも等しい野放図な放言、侮辱を繰り返している有様であるから、反省の情など微塵も存しないというほかはない。

ライフスペース側はこの判決を受けて即日控訴している。小林の息子による死体遺棄容疑についても、父親を病院から連れ出すことが遺棄・不保護にあたると認識していた以上、保護責任者遺棄致死に相当すると判断が下されたが、審理途上で本人が高橋との訣別を宣言したということもあり、懲役2年6カ月執行猶予3年で判決が確定した。

2002年秋にも、数十名単位のメンバーが共同生活をし、高橋の妻の主宰によってヨーガの集まりなどを開いているという情報があった[*6]。こうした残存メンバーによる自費出版の本は一定期間刊行され続け、高橋への信を示し、「カ

＊6　元メンバーおよびその家族たちの情報による。

ルトだという冤罪」をうったえる内容であった。

2003年6月26日には東京高裁で二審判決があったが、この判決では、高橋が近しいメンバーであった小林晨一に対しそもそも殺意をもっていたとは考えにくいこと、未必の殺意を抱いたのは小林の様子を成田のホテルで確認した時点と考えるのが妥当だと判断されたこと、高橋に前科がなく殺害の様態において特段に悪質性が高いとは言えないことなどから、懲役7年に減刑された。だが高橋側はこの判決を受けて再び控訴した。最終的には最高裁でも、懲役7年として2005年に刑が確定した。

自己啓発セミナーをきっかけに、スピリチュアリティの追求や他のカルト的実践に身を投じる人もいる。筆者がインタビューした、ライフスペースではないあるセミナー会社の元トレーナーは、自己啓発セミナーを辞め、「波動」(現代の疑似科学の一種)の普及に献身していた。マルチ商法を経てライフダイナミックスの設立にかかわり、さまざまな自己啓発書の編著者でもある島津幸一(1932-1994)は、晩年「EM」(Effective Micro-organisms。同じく現代の疑似科学の一種)に打ち込み、1億円をEM開発者に寄付していたと報じられた(斎藤1997)。そして、自己啓発セミナーの原型であるマインド・ダイナミクスを作ったアレキサンダー・エベレットも、その後、精神世界のさらなる求道者となり、やはりサイババの熱心な信奉者となったという(久保1993)。

4　カルト性と宗教性

自己啓発セミナーのようなグループ・セラピー的実践は、いかにして宗教性を帯びてくるのか。スピリチュアリティはそれにどのようにかかわっているのだろうか。

異端的な心理療法は宗教へと変容していく素地をもっている。アメリカでドラッグ中毒者の更生団体から始まり、やはりのちに宗教であることを宣言したコミューンのシナノンや、オーストリアで芸術と心理療法を組み合わせた実践をおこなっていたコミューン、フリードリッヒスホーフが次第に全体主義化していった事例(Madsen 1997)、また、ニューヨークで心理療法をしながら共同生活をしていたが、次第にメンバーの生活の多くをコントロールするようになったサリヴァニアンズというグループなどが過去にも報道されている。

日本でも2004年には、レムリアアイランドからホームオブハートと改名した自己啓発セミナー会社において、リーダーであるMASAYAこと倉渕透とメンバーが共同生活をしていると報じられ、児童虐待騒動も起こった。

こうした集団の多くでは、当初期待されていたセラピー効果や集客活動が失敗したあとに、組織が縮小・内閉化することによって宗教化、カルト化が進展している。ライフスペースの場合は、経営不振を背景に、単なる心理療法的な実習を離れ、サイババ、シャクティなどの超越性にかかわる領域に踏み込んでいった。高橋が超人的能力をもった「シャクティパットグル」であり、シャクティ治療によって病気が治ると信じることは、まさに超越的・超自然的な力が自己に働いているという意識なしにはありえないことである。つまり、ライフスペースの歴史はスピリチュアリティを強化していった歴史でもあった。しかし、超越的能力、超自然的効能の主張は、その組織に反対する勢力からすれば、「いんちき」であり、メンバーは「マインド・コントロール」によって騙されている、といった見方にもつながる。スピリチュアリティへの移行は、ライフスペースの場合、怪しい宗教＝カルトとして認知されることも引き起こした。

「カルトは宗教ではない」という言い方もされることはあるが、世俗性に対抗する緊密に組織された集団という意味では、カルトのイメージは近代における教団的な宗教イメージに重なる部分をもっている。近代人の暗黙の前提においては、宗教とは前近代の秩序を代表する、集団的な営みだからである。

熱中症死亡事故、そして反ライフスペース勢力の成立によって、ライフスペースをカルト視する素地が作られていった。カルト視された集団はより世間と対決的になり、離脱者も出て、さらに閉鎖的な集団となっていく。本人たちは必死で否定するにもかかわらず、社会的にも内部的にも、結果としてさらにカルト的な相貌を呈するようになる。言い換えれば、カルト呼ばわりされる集団は、結果として世間の「期待」に応え、よりカルトらしくなっていく場合もある。

マインド・コントロールを批判的に解説したスティーブン・ハッサンの書籍（Hassan 1988）の邦訳出版、および元新体操選手・山崎浩子の統一教会脱会記者会見が1993年、オウム真理教による地下鉄サリン事件が1995年であり、マインド・コントロール概念の浸透は、自己啓発セミナー批判の一般的なレトリックとなっていった。

ある意味ではカルト視もマインド・コントロール説も、批判する勢力があってこそのものである。その意味では、特定の心理操作手法を使っているかどうかというよりも、社会問題として認知された特定集団であるということが、社会的現実としてのカルトの主要な要件なのである（樫尾編 2001）。もちろん、ライフスペースの事例のように、世間からの隔離、内部でしか通用しない論理の肥大は、常識では考えられないような帰結を生み出すのであるが。

ライフスペースは確かに自己啓発セミナーの中では特異で極端な事例である。高橋のたくらみもほぼ失敗したように見え、またライフスペースの醜悪さは「宗教」のような「高貴」な形容句は向かないと思われるかもしれない。しかし、彼ら自身も予期しなかった展開によって、ライフスペースは、スピリチュアリティの強化だけでなく、死にも新たな意味づけをおこなうことになった。宗教というものが、死についての包括的な説明図式をともなうものだとするならば、ライフスペースは「宗教の端緒」ないし「失敗した宗教」であろう。世界最大の宗教、キリスト教は、十字架にかけられて死んだ男が、3日後に死からよみがえったという教義をもっている。また、現代の日本仏教が死後の世界にまつわる儀式を主に執り行っているということは言うまでもない。

ロドニー・スタークとウィリアム・シムズ・ベインブリッジは、1980年代に彼らが提唱した宗教社会学理論において、次のような説を提唱した（Stark and Bainbridge 1985）。利得を最大化しコストを最小化したいのが人間の特質であるが、「永遠の命」など、この世では手に入らない利得もある。そこで人間は、「これこれを信じればあなたも『永遠の命』などが得られる」といった説明を「コンペンセイター」（Compensator＝埋め合わせるもの）として受け取ることがある。人間の組織は、特定の利得が得られない時に、超自然的なコンペンセイターに関心を移行させることがあり、それが宗教の萌芽状態のひとつであるとスタークらは示唆した。ライフスペースの事例とはまさに、個々のメンバーがセミナー内または実生活で、理想の職や自己実現といった「利得」が充分には得られない時に、高橋／組織側が、上級セミナーでメンバーらに対して超自然的な効能を主張することによって、一歩「宗教」に接近し、高額の利益を得ようとした試みだったとも解釈できる。

ライフスペースの変容や、ヨガ・サークルだったオウム真理教がカルト化していったプロセスから考えると、組織がカルト化するのにかかる時間は数年程度で充分であるようだ。また、カルト化していく際は、特定の効能を求める「需要者側」（信者側）の利害というよりも、「供給者側」（教祖側、組織側）の利害のほうがより大きくかかわっている。たとえば、ライフスペースに自己の向上を求めた参加者は、料金の高額化や世間との対立自体を最初から望んでいたとは考えにくいであろう。

カルト性と宗教性は必ずしもイコールではないが、宗教のもつ超自然的効能の主張は、指導者の神格化や、世間的価値を超えたところでの法外な「価格設定」などをもたらす素地となる可能性はあり、その集団が世間との緊張を起こしてしまった場合には、カルトとして叩かれやすいポイントとなる。出家主義的な実践もまた、家族を引き離し、トラブルになりやすい要素になりうるだろう。

マックス・ウェーバーのカリスマ論に見るように、カリスマ性というものは、リーダーと信奉者とのあいだで相補的に生み出され信じられるリアリティである。ライフスペースもまた、高橋とその取り巻きとのあいだには一種の「宗教的現実」が成立したのである。「ライフスペースは二人組妄想[*7]にすぎない」という意見もあろうが、「二人組妄想で始まった宗教もあったはずだ」とも考えられる。

非正統的なセラピーという位置にある自己啓発セミナーは、学校や病院といった文脈を離れて「自由」に精神的探求をおこなえる可能性がそもそも高かった。ライフスペースの歴史とは、そもそも心理療法的な実習に終始していたはずの自己啓発セミナーが、スピリチュアルな領域をも扱うようになっていく歴史であった。超自然的効能の主張の拡大は、カルト化、宗教化とも言うべき事態に発展した。その社会的紛争は、現代日本のカルト問題のひとつとみなされた。

一対一のカウンセリングよりはグループ・セラピーのほうが、そして、病院

＊7　統合失調症の一種で、ある人物のもつ妄想を、その人物の身近にいる人物も共有するようになること。

や学校などの近代的制度の中にあるものよりはその外にあるもののほうが、より宗教的･スピリチュアルな様相を帯びやすい。それゆえ、アルコホーリクス･アノニマスなどの自助グループでは「霊性」が言及されることも多く、また自己啓発セミナーは「新宗教」周辺現象のように認知されやすいのだ。

5 セラピーの宗教化

近代において非宗教的な癒しを目指した心理療法は、非常に例外的な事例に限られるとはいえ、再宗教化する可能性を秘めている。

セラピーに関してはしばしば、セラピーの中で癒された気分になっても、実生活に戻ってしまえば、その新しい「信念体系」を支えるコミュニティは失われてしまうため、また元の自分に戻ってしまう、という構造が以前から指摘されてきた。「甘く優しい」セラピー空間において、幸せを保つ有効な方法は、同好の士たちとの「仲間意識」を維持し続けることなのかもしれない。そこでは、指導者は指導者として認められ、崇拝されることもあるだろう。そしてその集団が共同生活のコミューンに変容すれば、世間からはカルトだとみなされやすくなるはずだ。

そうした構造は、流行りの進化生物学的な見方からすれば、世界観を共有する仲間たちと一緒の「部族」であることに居心地良さを感じる人間の本能に由来する、ということになるだろうか。自己啓発セミナーの指導者と参加者女性たちとのあいだの親密性も、セミナーブームの頃にはよく噂となっていた。これもまた、進化生物学的に見れば、「教祖」は「ハーレム」を形成するために「カルト」を形成したのだということになる（現代宗教研究ではそのような見方は少ないが）。

自己啓発セミナー・ホームオブハートをめぐる裁判（2008年当時）において、まだホームオブハートから脱会していなかったメンバー・ToshI（元X-JAPAN、当時）でさえ、リーダーMASAYAの裁判での振る舞いに落胆したと示唆している：

MASAYAのもじもじしているような態度に僕はわが目を疑った。

> その後も、原告弁護人から質問をされるのだが、MASAYAのあまりにもお粗末で嘘とごまかしに満ちた発言や、感情的になり狼狽するような情けない姿に、こちらが恥ずかしいような気持ちになった。そして、裁判長からも、
> 「セルフコントロールの達人のはずでしょう。それにふさわしい振る舞いをしてくださいよ」
> などとたしなめられてしまっていた。（Toshl 2014: 4章）

別の例もある。南米のヤキ族のシャーマンに弟子入りしたと主張したアメリカ人、カルロス・カスタネダ（1925-1998）による民族誌『ドンファンの教え』シリーズ（1968～）は、1960年代対抗文化ならびに精神世界のバイブルとなり、日本でも精神世界の当事者たちや、さらには一部の社会学者からも注目された。しかし、今ではカスタネダの一連の著作はほぼ全て創作であったと考えられている。カスタネダもまた、ベストセラー作家として注目された後には、独自のエクササイズのクラスに信奉者を集めるようになり、晩年は複数の女性支持者たちと共同生活を送っていたと報じられている。これは、スピリチュアルな「創作」が対抗文化時代の新たな「宗教」をまさに創造した例だとも言えよう。

さらに、2010年代以降のアメリカでは、自己啓発セミナー「ネクセウム」が批判的に報道された。ネクセウム指導者キース・ラニエールは、そもそもはコンシューマーズ・バイラインというねずみ講に関わって失敗し、その右腕だったナンシー・ザルツマンとともに1998年にマルチ商法的なセミナービジネス「ネクセウム」を始めたという。ネクセウムの精神はアムウェイと似た部分があり、セミナーの内容は自己啓発セミナー・エスト（est）に似ていて、トラウマを探るセッションは心理療法宗教「S」のセッションのようだったとされる。またザルツマンは、神経言語プログラミング（NLP）と催眠術の心得があるとも主張していた。ネクセウムでも、コアメンバーたちとの共同生活や、指導者による複数メンバーとの性的関係や虐待が報道され、ラニエールは2018年に逮捕された。[*8]

＊8　ドキュメンタリー「ネクセウム：カルト集団の誘惑」（Starz、2020）などによる。

自己啓発セミナーや心理療法グループのリーダーにとって、究極の支配と君臨は、熱心な信奉者たちとのコミューン生活の中でこそ実現するのだ。そして、その文脈を離れると、そのカリスマも途端に揺らいでゆく。このように、「感動」と「号泣」のセラピー空間が、カルト的支配の場に転化してしまう潜在的可能性はある。

以上本章では、「はじめに」で示した「レベル1」の水準、すなわち、コミューン的心理療法集団が宗教化する事例を検証した。ある集団がカルト化したと世間から認識されれば、それは公共圏における論争のマトにもなる。次章では、公共圏における、トラウマを中心とした「被害の語り」を分析したい。

付記

2000年前後に関西方面で調査をおこなった際に協力して下さった河村浩介氏ならびに関係者の皆様に心より感謝します。

3章

セラピー文化における被害の語り

1　被害クレイムと心理主義

近年、われわれはますます、何らかの事件や事故、あるいはそれにまつわるトラウマをめぐる「被害」の主張を見聞きするようになってきている。

人権意識も高まってきており、被害者のクレイム（異議申し立て、苦情などの主張）をありのままで認め、最大限に尊重しようという流れもある。その背景には、個人主義が発達し、一人一人が自分らしさを育むことに高次の価値を置くという意識の高まりがある。いわばそれは「自己の聖化」とでもいうべき事態である。聖なる自分があるからこそ、自分らしさ、自分の安全、そして自分の生が脅かされることに対して、非常な忌避感が起こるのである。

こうした現代社会における被害クレイムや、それをめぐる配慮は、PTSD（心的外傷後ストレス障害）などの概念に見られるように、非常にカウンセリング的な発想にあふれている。現代社会における心理主義／セラピー文化は、私的な被害クレイムを公的な議論に転換することを促進している。

セラピー文化においては自分探しが中心的な目的となり、そのプロセスのなかで、自己は神聖なものとされ、かけがえのない大切なものとして再認識される。そのような自己像こそは現代社会に特徴的な自己であり、しばしば「被害」

についての語りにおいても表出されることがある。そして個人の被害は、場合によっては、個人のスピリチュアリティ（霊性）が侵害された状態であると認識されることもある。

以下、本章ではまずスピリチュアリティや被害をめぐる議論を振り返り、次に現代日本におけるさまざまな事例を検討していく。事例にはカルト脱会者の営みも含まれる。そのなかで、公共圏における被害クレイムのあり方とスピリチュアリティとをめぐる、やや複雑な関係を考察してゆきたい。従って本章は「はじめに」におけるレベル2、すなわちセラピー的言説の広がりに関する事例検証である。

2　被害クレイムの社会学

現代の社会学には「被害者化」という概念がある。わかりやすくいえば、不幸や苦難の当事者である個人が、自分のことを、何らかの病気や社会問題などの被害者であると新たに認識・表現する傾向のことである。たとえば、社会学者ジェームズ・L・ノーランは「被害者化」を次のように定義する。

> 個人や集団が、自分たちのことを、虐待的な過去や自分を取り巻く抑圧的な環境の犠牲者であると考える傾向が拡大しているようだ。もちろん、被害を受けたというこの心性は、自己という中心的な場や、人間行動をますます病理的に解釈する文化的傾向に密接に関連している。自己は悪事の加害者ではなく、ある障害（disorder）の犠牲者なのだ。こうした障害の定義そのものに暗示されているのは、個人のせいではなく、別の誰かや何かが非難されるべきなのだという信念である。（Nolan1998:15）

こうした被害者化は、心理学的・セラピー的な人間理解と結びつきやすい。ますます種類が増加しつつある各種の症候群や、心的疾患・障害、さらにPTSDなどの主張は、自己を何かの被害者であると認識することを促進する。そして、被害者であると自己認識した個人には、当然、自己を被害者であると世間にアピールすることによって、正当であると思われる扱いを要求したり、ひいては被害への補償などを求めたりする可能性も出てくるだろう。セラピー的な被害クレイムの背景には、病理を抱え、専門家によって矯正・治癒されるべき自己のイメージがある。

ノーランによれば、このような意識がアメリカで隆盛してきた一つの背景には、1960年代以降の対抗文化運動があるという。対抗文化運動とは、既成の多数派の価値観に対抗して起こってきたさまざまな新しい主義･主張のことで、特に社会的少数者が声をあげる実践が注目された。たとえば公民権運動は人権意識の高まりをもたらした。また同性愛者によるカミングアウトの実践も、当事者が語りによって自己の苦難を社会的に訴えていく端緒となった。また、さまざまな消費者運動によって、被害を受けたのならば消費者が補償を勝ち取るべきであるという意識も社会に浸透していったとされる。

アメリカ精神医学界のマニュアルである『精神障害の診断と統計マニュアル（Diagnostic and Statistical Manual of Mental Disorders）』（通称DSM）に1980年から「心的外傷後ストレス障害（Post Traumatic Stress Disorder）」（PTSD）という項目が掲載され、広く診断名として活用されるようになっていた。こうした流れのなかでトラウマは、当事者たちによる被害者化の際にもっとも活用される概念のひとつとなった。PTSDとは、自己や他者が死にそうなほどの恐怖体験をしたあと、過覚醒、侵入、解離と呼ばれる症状が1ヶ月以上続き、日常生活に支障をきたしているという場合の診断名である。そもそもPTSDがDSMに導入されたのも、ベトナム従軍兵が帰還後の補償を政府から勝ち取る運動のなかで実現していった結果であった（Kutchins and Kirk 1997=2002）。日本では、1995年の阪神大震災と地下鉄サリン事件によって、PTSD概念が注目され始めた。

近年の被害者についての見解の一部では、被害を負っている以上、被害者には近代的な自己責任の論理を求めるべきでないとする立場すらある。トラウマ被害における責任の問題を、精神科医ヴァン・デア・コルクらは次のように述べている。

> トラウマ自体ではなく、その非難と責任が誰に向けられるのかが中心的な課題となる可能性がある。共産主義の崩壊以降、恵まれない人た

> ちへの支援の提供に関する社会の意向と能力の問題は、産業社会における公的な再評価の重要課題となっている［……］鉄のカーテンの崩壊は、トラウマを受けたり、病気や、あるいはその他の障害のある人びとに割り当てられる社会資源の分配について再検討するという機運をもたらした。（Van der Kolk, McFarlane and Weisaeth 1996=2001:37,42）

そして、一般的に、善良な人は人生をコントロールでき、悪いことは悪い人に起きるとわれわれは考えがちである（世界公平仮説という）。しかし、突然のトラウマ体験を被った当事者は、そのような前提が崩壊してしまう。また、裁判でも、不当な判決を避けるために、加害者側に不利な証拠は厳格に扱うという慣習があった。しかしトラウマ被害をめぐる近年の論争は、こうした慣習にも風穴をあけようとしてきた。

しかし同時に、セラピー的な被害者化に対して、冷ややかな見方があることも見過ごしてはならない。アメリカにおける被害者化の問題を広く論じた保守派のジャーナリスト・評論家のチャールズ・J・サイクスは、アメリカにおけるポリティカル・コレクトネス（PC）の運動も、被害者化の傾向が顕著であったとしている。PCとは、少数者を暗に抑圧しているような表現を避けようとする、つまり、偏った政治性を正そうとする実践から始まった運動のことである。たとえば英語で、チェアーマン（議長）は、別に男性には限らないので、チェアーパーソンと呼ぼう、といった具合である。

現代アメリカでは、被害者であることは要求を通そうとする際に最大限に利益を得ようとする立場なのであり、差別される人びとの利益団体の活動は、たとえば、極端に太った人々の利益団体がマクドナルドに大きな椅子の設置を要求するといった事態にまで及ぶ。こうした広義の「マイノリティ（少数者）」のカテゴリーは途方もなく増え続けており、何らかのマイノリティを総計すると、アメリカ国民の374％に及ぶという。これは、「私は悪くない」「責任は他者にある」という意識の拡大を示しているのだという。被害者への配慮が過剰に要求される風潮を指して、サイクスは次のようにいう。

> 被害者化の言説のなかでセンシティブであるということは［……］上

> 品さや礼儀正しさや正直さとは違って、被害者による、移り気で予測できない要求へ絶え間なく順応することを要求するのだ[……]間違った質問をするということもセンシティブでないと思われる可能性があり、正しい質問をしないということについても同様である［……］被害者のみがそれを判断できるのだ。(Sykes 1992:17)

社会が被害を受け入れる様式もまた現代的な変容を遂げている。それは被害者の責任を軽減して考えるべきだという、医療上、司法上、文化上の流れに最も顕著に見ることができる。

ここまで、近年の社会学のなかでは個人の不幸を何らかの「被害」だと自覚する「被害者化」という動向が注目されてきていること、それはPTSDなどのセラピー的概念によって語られやすいこと、被害を受けた個人には責任がないとしばしば主張されること、さらに、そうした被害クレイムが広がる動向について、やや批判的な見方もあることを確認した。しかし、被害クレイムとスピリチュアリティとの関係については、まだ十分には明らかにされていない。それを事例から検討してゆきたい。

3　被害クレイムの時代

(1) 語られる被害

日々、新聞やニュースを見るだけでも、近年は被害者の告白や涙を目にすることが多くなった。特に幼い子どもを失ったりした場合、親の手記などが掲載・報道されることは普通になってきた。つまり、公的な文脈で私的な被害感情を告白する傾向が顕著になってきているのだ。

日本では、1996年に薬害エイズ問題で被害者と加害者との対峙が大きく報道されたこと（最終的には加害者がテレビカメラの前で土下座した）や、2002年以降に北朝鮮による日本人拉致に関して抗議運動が起こったことによっても、こうした流れが促進されたといえよう。

以下では、日本とアメリカの事例から、被害クレイムがセラピー的な言語を用いる傾向について、特にスピリチュアリティとの関連をめぐって考えてみたい。

(2)「弱い自己」をめぐるサブカルチャー

近年のセラピー文化のなかでは、「被害」というものはどのように語られ、またそうした語りの文脈における自己像とはどのようなものであるのだろうか。1990年代のセラピー文化のなかで特に台頭してきたのは、アダルトチルドレンや共依存と呼ばれる概念や、トラウマ説である。

アダルトチルドレン（AC）とは、もともとはAdult Children of Alcoholicsという言葉であり、「アルコール依存症者の親をもつ子どもが成人した状態」という意味である。アダルトチルドレンは、酩酊すると暴力的になりかねない親の顔色を常に窺いながら育つため、成人してからも自分自身のこころや対人関係にさまざまな問題を抱えやすいと考えられている。

また共依存とは、アルコール依存症の夫の飲酒行動を妻が結果として支えてしまうような様子を指しており、転じて、人間関係において過剰に世話焼きであることがやめられないという一種の病理のことである。1980年代以降、日米で、アダルトチルドレンや共依存を論じた書籍がベストセラーとなり、これらの用語が広まった。

さらに、自助グループの先駆けであるアルコホーリクス・アノニマス（AA）の信条「12ステップ」[*1]を翻案した「ACの12ステップ」を用いた、ACの自助グループも各地で開かれるようになり、ACだと自覚する人々が、名前を名乗らなくても良いミーティングで、自己の生きづらさや生活史を語り始めた。なお、AAに端を発する12ステップを用いた自助グループは「12ステップ式自助グループ」などと呼ばれている。

トラウマとは、フロイトの精神分析にさかのぼる用語であるが、AC、共依存の浸透、ならびにそれらをテーマとする自助グループの広がりは、トラウマ概念を再び活性化させた。なぜなら、ACも共依存者も、「機能不全家族」におけるトラウマによって「生きづらさ」を抱えた「被害者」であると見なすことができるからである。

＊1　アルコール依存症を脱するプロセスを12の段階にあらわした信条。

こうしたトラウマをめぐる一連の発想は、さらにドメスティック・バイオレンス（DV）、虐待、性暴力、摂食障害、ストーカー、多重人格、境界性人格障害、猟奇殺人、買い物依存やギャンブル依存など、さまざまな広義の嗜癖の知識とも結びついていった。1990年代とは、このような「心の病」をめぐる「サブカルチャー」が確立していった時代だった。それまでのセラピー文化には、ポジティブ・シンキング、自己成長、リラクセーションなど、前向き・肯定的・健康的な「強い自己」をめざす実践が多かったが、1990年代以降には「弱い自己」を強調する潮流が台頭してきたのである。

カウンセリングやセラピーの現場に限らず、近年ではポピュラー文化のなかにも多くのセラピー的メッセージを読み取ることができる[*2]。ハリウッド映画のヒューマン・ドラマにおいては、トラウマ的、AC的テーマが入っていないものを探すほうが難しいぐらいであった。定時制高校の元教員で、繁華街を夜回りして子どもたちを救うという「夜回り先生」水谷修（1956-）もまた「[そのままで] いいんだよ」というメッセージで聴衆に自己肯定感を与え、子どもは本来無垢な心をもっていたはずだと説いていた。感動的な講演に涙する聴衆は、一定のカタルシスを得たのであろう。これもまた、「弱い自己」の一つの表出である。

(3) 神聖な自己

「弱い自己」の強調というセラピー文化におけるこの新しい潮流は、被害を受ける前の、「無垢な子ども」のような、人間の良い本質（インナーチャイルド）を大切にし、逆に自己を脅かすような権威、権力には批判的であるという特徴

＊2　世紀の変わり目の前後には日本でも、乙武洋匡『五体不満足』（1998）、飯島愛『プラトニック・セックス』（2000）、大平光代『だから、あなたも生きぬいて』（2000）などの「壮絶人生」自伝のブームがあった（赤坂 2001）。また「サバイバー」「あいのり」、近年の「バチェラー」などをはじめとするテレビ番組における「リアリティーショー」は、実験的な場面設定で、一般参加者同士のこころ模様や相互作用を描き出して人気を博している。これらに共通しているのは、個人の感情を他者に吐露することによりカタルシスを得たり自己変革しようとしたりする志向性であり、セラピーのもつ構造と共通している面がある。

がある。トラウマ専門のセラピストの一部は、しばしば誘導イメージ療法[*3]などを用いて、自己の中心にあるインナーチャイルドの姿をイメージさせ、それを慈しむことを説いた。

アメリカのセラピストであるチャールズ・L・ウィットフィールドによれば（Whitfield 1987=1997）、内なる子ども（インナーチャイルド）――リアルな、真の自己――は、偽りの自己と対比させられるという。真の自己とは、アサーティブ（自己主張的）であり子どものようであり、無意識と結びついていて、自然な感情をもっている。それに対し、偽りの自己とは、共依存的な自己であり、真正でない、「公共の自己」である。それは批判的かつ完璧主義的で、他者中心にものを考える。アルコールなどへの嗜癖は、真の自己についての不全感をいっとき忘れさせてくれる面もあるため、それが強迫的行為となってゆく。現代社会は、真の自己が窒息し、偽りの自己で生きていかなければならない社会であるという。

やはりアメリカのセラピストであるアン・ウィルソン・シェフの『嗜癖する社会』（Schaef1987=1993）では、こうした「真の自己」という考え方がさらに発展させられている。この書では、嗜癖からの回復、そしてそのための12ステップ式自助グループの普及などが、近代主義を乗り越えるパラダイム・シフトのあらわれとして描かれている。

シェフはまず、左脳的、合理的、論理的メカニズムによって動かされている「白人男性システム」こそが、「嗜癖を生み出すシステム」なのだと主張する。シェフのいう白人男性システム＝嗜癖システムとは、〈近代合理主義的二元論思考〉と捉えて差し支えない。白人男性システムは、それが唯一の論理であると思いこまれており、常に優れたもので、すべてを知っており、合理的で客観的であるとされている。しかしそれは、本質的に不正直で自己中心的であり、人を生き生きとさせるものでは決してないという。嗜癖システムは、不正直、否認、完璧主義、ゼロサム・モデルなどを是とし、医学やセラピーの分野、あるいは既成宗教ですら嗜癖システムへの適応をめざすものとなってしまっている。嗜

＊3　Guided Imageryの訳語。セラピストなどの誘導によって、クライエントが目をつぶって呼吸を整え、軽い瞑想状態となり、理想郷や架空の世界をイメージすることによって、自己発見や社会啓発をおこなう技法のこと。

癖システムでは霊性は喪失されている。ここでの霊性とは、生き生きしていることそのものであるとシェフはいう。

また、フェミニズム活動家で、雑誌『Ms.（ミズ）』を創刊したグロリア・スタイネムの『ほんとうの自分を求めて』は、フェミニズム思想にもとづきながら、セラピー的な「真の自己」の探求を説いている大著である。そのなかには、インナーチャイルドを見つけるための誘導イメージ療法のマニュアルまで書かれている。目をつぶって呼吸を整え、催眠状態へ誘導しながら、「あなたが一番安心できる「場所」や個人の「内なる子ども」をイメージさせ、その内なる子どもと対話し、それを抱擁することを促している。

> あなたはその子［インナーチャイルド］を慰め、さまざまな感情をふたたび経験し、いや、もしくは、おそらく当時は経験することのできなかった感情を、あらためていま、経験し、つらい過去の出来事は、あなたの責任ではないと知ることは可能でしょう。あなたは、愛され、面倒を見てもらう十分な価値があったのです――ずっと、その価値があなたにはあったのです。（Steinem 1992=1994: 484）

ここには、責任を免除された内なる神聖な自己が見事に表現されている。インナーチャイルドを、日本のACや共依存者のすべてが強く意識していたというわけではないが、インターネットの当事者の掲示板においてもしばしば「インチャイ」といった略称を用いながら語られることがあった。

「エンパワメント・センター」を主宰し、日本における性虐待回復セラピーの第一人者でもある森田ゆりは、著書『癒しのエンパワメント』のなかで、虐待から回復するためのセラピーとは、全体性の回復であるとしている。そして、個人の無意識を探ることによって、地球・宇宙の「大いなる生命力」とつながることを推奨している。

たとえば、何度も性被害を受け、自傷行為がやめられなかったあるクライアントSさんは、セラピーのプロセスのなかで、宇宙と一体になったと感じた瞬間があったという。森田によれば「Sさんは腕や胸にいくつもの傷跡を持っていました［……］身体の痛みを得ることで心の痛みを一時的に忘れようとしていたとSさんは言います。もう自傷行為をしなくても心の痛みと向き合うことが出来るようになった頃、腕の傷跡がなんとなく疼くような気がする時期がありました」（森田2002: 215）。そして、自分が自分の体の部位の気持ちになって対話してみるというセラピーを集中的に重ねていくなかで、Sさんは次のような体験をする。

> 疼くような痛みが腕の傷跡から出発して、血管の中を流れて心臓に届くイメージがありました。心臓がどきどきしていました［……］いつも持ってくるテディベア人形を抱きしめ、わたし［森田ゆり］の手も握りました。すると赤い色の痛み［のイメージ］が心地よい安心のサーモンピンク色に変わって、心臓から腕へと逆流しはじめました。まもなく身体が浮かびあがり、満天の星空に昇っていき、きらめく無数の星と踊り始めました。安らかで楽しい気持ちに満たされて、星たちから受け入れられ、大切にされている喜びに満たされてSさんは泣きました。宇宙と一体になったような気がしました［……］外なる自然とSさんの無意識と内なる自然が融合した瞬間の出来事でした。（森田 2002: 215-216）

瞑想や、催眠セラピーによって誘導されたこのような体験は、まるで宗教体験のようでもある。インナーチャイルドも満天の星空も、それ自体としては触れることも出来ず、外在的に存在しているものでもない。自分の心の中に、この世のものでない、一種の超越的な、まさにスピリチュアルな次元を成立させているのである。それは、地域共同体や歴史からは切り離された、自分のためだけの内なる宗教なのかもしれない。

現代社会によって毒された自己は「弱い自己」なのであるが、弱い自己を自覚した上で、セラピーによって見いだされた「真の自己」は、純粋無垢な子どものような「神聖な自己」でもあり、時にスピリチュアルな次元を含む可能性があるのだ。[*4]

＊4　何かが「スピリチュアルである」として研究の対象とする際は、神、霊、インナーチャ

上記のような、自己の過去のトラウマに注目し、他者に責任を見いだすような動きに対しても一定の揺り戻しは起こっている。アメリカでは、1980年代後半以降、性虐待を専門とするセラピストたちが、クライエントに、幼児期に性虐待されたとの「ウソの記憶」を暗示によって植え付けているのではないかという疑惑が持ち上がり、大きな社会問題となった。実の子どもたちから性虐待のかどで訴えられた親たちを中心に1992年には「虚偽記憶症候群財団」も設立された。この問題は、神経症の原因が幼児期性虐待にあるのではないかという、初期フロイトの見解に端を発する長い論争の一部という側面もある。[*5]

(4) 被害クレイムの展開

トラウマなどの心の病をめぐるセラピー文化では、しばしば被害を受けた当事者が、閉じた空間のなかでトラウマ説を再生産している。そうした当事者たちは、トラウマの原因となった親や社会に対して批判的になるだけでなく、当事者のみの安全な語りを侵害するものを非常に忌避する傾向がある。

1990年代以降に生まれた自助グループ自体、被害者的な自己像に親和性が高いが、そうした集団が外部社会と接触する際には、さらなる被害クレイムの表出を見いだすことができる。当事者のもつさまざまな障害がセラピー的な知識によって被害者化されると、病の受け取り方も、自罰的な姿勢ではなく、時に他罰的な態度になりかねない場合もある。

近年の当事者による運動には、「あなたは当事者の味方なのか敵なのか」といわんばかりの二元論がしばしば見られ、当事者以外は口出しすべきでないというようなトーンがある。自助グループという閉じた空間を侵害する者は、現在の当事者運動では激しく批判される可能性があるのだ。

社会学者ジョエル・ベストは『ランダム・バイオレンス』のなかで、1975年頃以降にアメリカで台頭してきた、被害を社会に訴える際の新しい様式を「新

イルドなど、超自然的な語彙を用いる状況にまずは注目すべきであろう。

＊5　質の悪いセラピストによる虚偽記憶の植え付け疑惑にも一定の説得力はあり、一部のフェミニストからも性虐待回復セラピーに批判が起こった（Russell 1986）。慎重な研究によれば、4歳以降に起こった性虐待の記憶をすっかり失って、あとから思い出すというのは非常にまれであり、アメリカ心理学会も同様の見解を出している。

しい被害者」という概念で捉えるべきだと主張している（Best 1999）。

現代のアメリカは、虐待、犯罪、セクハラ、嗜癖、果てはUFOによる誘拐に至るまで、幅広い種類の「被害者」についての語りにあふれている。ベストによれば、こうした被害の種類・事実そのものが新しいというよりも、被害の語り方、そしてそれを公にする時の考え方や社会的道具立てが新しいというのである。それをベストは「新しい被害者」と呼ぶ。

この「新しい被害者」像は次のような特徴をもつという。

①被害は広範囲に見られる。被害を過小に評価するぐらいなら、適用範囲を拡大すべきである。
②被害は因果関係によって成り立つものである。
③被害ははっきりしており、曖昧さの余地はない。被害の事実は明白であり、責任は必ず加害者のほうにある。
④被害はこれまで知られずに来た。時に当事者さえその被害に気づいていないのは、社会の側のたくらみなのである。被害を「否認」してしまうことこそ問題なのである。
⑤個人は自分の被害を見つけるように教育されなければならない。ここに、さまざまな被害教育プログラムや被害者チェックリストが登場することになる。
⑥被害者の主張は絶対に尊重されなければならない。被害者の主張に疑問を投げかけることは、さらなる被害を創出するのである。中立的な立場というものは存在しない。（Best 1999: 103-117より要約）

アダルトチルドレンや共依存のクレイムは、こうした「新しい被害者」像にぴったりとあてはまる。ベストは、新しい被害者像をめぐり、それが医療的・心理学的色彩を常に帯びていること、被害発見のために催眠、誘導イメージ療法などのセラピー技術が使われること、「回復」のためには「被害」事実の同定と尊重がセラピストには求められるということも指摘している。ベストのこの分析は、セラピー的な被害者化が台頭してきた1990年代以降の日本にも、多くの示唆を与えるものである。

近年の被害者化の動向のなかで最も注目に値するのは、その責任観念の変化である。本章2節でも見たように、被害の当事者であるならばその被害について個人は責任がない、という考え方が台頭してきている。たとえばアダルトチルドレン向けの書籍においても、家族内トラウマの被害者である以上、アダルトチルドレンたちには責任がない、という論理がよく語られている。その被害が戦災であれ、DVであれ、カルト体験であれ、トラウマを受けた当事者は自己の経験をしばしばホロコーストでの経験になぞらえている。

被害者救済をめぐる最新の成果は犯罪被害者の運動であろう（東 2006）。自らが担当した裁判の被告に逆恨みされ、留守中に妻を殺された弁護士、岡村勲が当事者感情に目ざめ「全国犯罪被害者の会」を2000年に結成した。加害者の人権ばかりが尊重され、被害者は捜査記録さえ閲覧できず、裁判過程で発言の機会さえ与えられず、医療費も多くは自己負担しなければならない。こうした現状を変えるために全国で犯罪被害の当事者が講演し、署名を集め、ついに2004年には「犯罪被害者等基本法」が制定された。この法律にもとづき、被害者が裁判過程にかかわり量刑についても発言できる「訴訟参加」、ならびに刑事裁判と同時に簡略な手続きだけで民事上の訴えも審理してもらえる「附帯私訴」が導入された。

被害者救済の運動は、従来の左翼的市民運動による被害者救済からは大きく変容してきている。政府に対するアンチの姿勢は少なくなり、むしろ行政の支援を強く求める傾向がある。犯罪被害者の運動は、自民党の議員を積極的に動かした。

被害が報道され、被害当事者による市民運動が行動を起こし、ついには行政をも動かしていく。被害者の語りはついに、司法の世界にも影響を与えるようになってきたのである。

裁判過程とは違う文脈で、加害者と被害者が語り合う「修復的司法」についても既に述べた【1章】。アメリカでは死刑囚に自己の生育歴を見つめ直させるアミティなどのセラピー・プログラムが実施されている場合もあるが、いまや紛争の被害者だけでなく加害者までもが、同じ被害者化の言葉遣いを用いるようになってきた。研究者など知識人も、多くは弱者擁護の観点などから、拉致問題から修復的司法に至るまで、被害者の権利を守り拡大しようとする運動にはおおむね共感を示している。[*6]

現代社会においては、セラピー的な被害者化によって、公と私の領域が新たに線引きされ、社会的資源の再配分が常に検討されるようになった。社会変革というものは、従来はプライベートな親密さのなかの問題だったことが、公共圏の問題へと転換される時に起こるともいえる（齋藤 2005）。しかしながら、弱者を法的にも擁護し、被害感情を公的に活用していくことに関しては、まさに従来プライベートとされた領域にも専門家支配が起こることになり、行政・司法による新たな管理が進む危険性も同時にはらんでいるという見方もあり、その解釈は論争を呼んでいる。

4　事例としてのカルト脱会

セラピー的な被害者化が典型的に見られる場として、「カルト」に子弟を奪われた家族らが、カルトから子弟の救出を図るさまざまな運動（反カルト運動）がある。カルト信者は「被害者」であり、「マインド・コントロール」という心理操作技術の影響下にあった以上、カルト教団での行動の責任は軽減ないし免除されるべきであるとの立場を取ることもある。またカルト脱会のための、現役信者に対する相談・説得は一般に「脱会カウンセリング」と呼ばれる。

反カルト運動には、個人の精神の問題に対しセラピー的介入を許容する姿勢があり、場合によっては「信者」をだまして隔離して、数ヶ月間以上にわたって集中的に説得を行う「保護説得」がなされることもあった。そして脱会が成功すれば、元信者は「カルト脱会者」という名の当事者性を獲得していく。

田口民也編の著作（田口 1992）に掲載されている一つの事例から考えてみよう。この本は、キリスト教系の出版社から刊行されており、新興宗教であるT教団の信者を「救って」脱会させるべきであるとの立場から書かれている。このなかで保護説得のケースとして、広島出身の男性Ｎ・Ｍの事例が紹介されている。Ｎ・Ｍは1981年、大学３年生のときに、アパートに訪ねてきた手相を

＊6　ただし、日本には修復的司法はふさわしくない、または時期尚早である、という見解をもつ日本人の研究者は一定数存在する。

見る女性との接触から、「ニューコスモ」というビデオセンターに通うようになり、やがてT教団に入信している。

信者になって6年目の1987年、教団による合同結婚式に参加するために親に100万円を借りようと実家に戻ろうとしたところ、出迎えの車に乗った親戚に捕らえられ、飛行機でのフライトを経て札幌のマンションに連れていかれてしまう。そしてその後数ヶ月間「保護説得」を受けることになるのである。その内容は、元T信者やクリスチャン、憂慮する親たちが入れ替わり立ち替わり訪ねてきて話し合いをするというものだった。

N・Mは「保護説得」の75日目についに脱会宣言し、徐々に自由を与えられるようになる。そして、迷い、葛藤しながら既存のキリスト教の教会に接触していくプロセスのなかで、ある日、新約聖書『ルカによる福音書』17章21節の「神の国は、あなたがたのただ中にあるのです」という聖句が思い浮かぶ。その直後に、次のような体験をする。

> 自分の思いの中に、丸い輪が現れた。そしてよく見ると、真ん中に、十字が横たえられていた。
>
> いつのまにか祈り叫ぶことがやんでいた。今、続けて自分の中に浮かんだものは何だろうか？　しばらく、ボーッと考えていた。しかし、一方でなんともいえない興奮が自分の内にわき上がってきた。神の国は、心の内にあるのだ！　神は、私の心の中に入ってきてくださったのだ！　私のただ中におられるのだ！　永遠のいのち、最も大切なもの、尊い、聖なるもの。それが自分の中にあるのだ。うれしさがこみ上げてきた。（田口 1992: 166）

NはやがてT教団が反キリスト、悪霊であったと思うようになる。そして、最終的にはNを含む家族４人全員が、キリスト教の信仰をもつようになったという。

このように、脱会カウンセリングは、集中的な振り返りを行うセラピー的な契機となりうる。Nにとっては、T教団から離脱する「逆回心」こそが、さらなるスピリチュアルな体験であったことがわかる。それは「カルト被害」からの回復のプロセスでもあった。

もちろん「カルト」においても、現役信者にとっては、その集団での活動こそがスピリチュアリティへの道であるという意識をもつことはあるだろうが、現在ではむしろカルト脱会者のほうが、カルトでの体験を、個人を抑圧するような被害的なものとしてクレイムする動きが見られる。カルト体験をスピリチュアル・アビューズであるとする主張もあるが、その場合のスピリチュアリティとは、ほとんど「個人の幸福追求権」のような意味で用いられている。そこには、現代人のめざすべき宗教性がより個人的なものになってきており、集合的、セクト的な宗教性は批判されうるという意識も見いだされる。

反カルト運動の展開や、カルト教団が起こした事件によって、「カルト」や「マインド・コントロール」といった用語は、「不当な集団」としてラベリングされる際にもよく使われる言葉となった。一部の独裁国家に対するわれわれのイメージも、洗脳、拉致、全体主義といったように、カルトと似たようなものとなっているのはいうまでもない。

ここまでの検証で明らかになったのは次のようなことだ。目下、何らかの不幸や苦難を抱えた当事者は、セラピー的な用語によって、被害クレイムを行うようになってきている。そのような場合の自己像は、第一義的にはトラウマなどを抱えた「弱い自己」であるが、その被害から回復するプロセスは、「神聖な自己」を取り戻す過程だと認識されることもある。そのような意識は、カルトからの脱会プロセスにも見いだすことができる場合がある。

すべてではないが、そうした意識の背景の一つとしてあるのは、対抗文化運動以降にフェミニズムやセラピーの運動などを通じて顕著に発達してきた、現代社会の抑圧的な構造こそが病んでおり、現代人はスピリチュアリティが失われている状態であるという認識である（小池 2007）。先述のウィットフィールドも、インナーチャイルドの回復のプロセスは、イニシエーションのように、別離・変容・統合のモーメントを含む長期間のプロセスであり、究極にはわれわれと宇宙との関係を取り戻す「霊的な旅」であるとしている。つまり、「神聖な自己」の「回復」は、苦難の果てに新たな「啓示」が起こるという意味で、かつての宗教と近似の構造をもっている。

5 格差社会のなかの被害クレイム

セラピー文化は、格差拡大が進む社会のなかでのセーフティネットとしての機能をもっているとの見方がある（櫻井 2006a）。競争に敗れて心が病んだ際の救済の手段として、カウンセリングや、現在メディアでいうところの「スピリチュアル」が活用されている面がある。先進国のなかで最大の格差社会アメリカが、最大のセラピー消費国であるのは決して偶然ではないだろう。

アメリカ流のネオリベラリズムが世界レベルで広がっていくことがすなわちグローバリゼーションであるが、ネオリベラリズム的な統治は、倫理面では宗教的ナショナリズムを促進し（2000年代で言えば、ブッシュとキリスト教、小泉と靖国など）、そのいっぽうでカウンセリング的な慰撫の装置を導入しようとするとの解釈もある。

ヨーロッパにおけるナショナリズムの意識は、移民の排斥などにつながりやすいともいわれているが、それもまた、仕事を奪われたという一種の被害クレイムの発露なのである。今後、格差が広がっていけば、日本でもさらに「弱い自己」像が台頭してくるとも考えられる。日本でも2000年代には他民族排斥の意識はインターネット上に広がった。

カルトとスピリチュアルは、社会学の伝統的な概念でいえば、セクトと神秘主義の再来という面もある。さらに、過去の理論には「貧者のセクト、富者の神秘主義」という説があった。神秘主義とは、ちょうど宗教的達人が修行を通じて神と一体になるといった、じかに感じられる霊的なわざを重視するような態度である。1970年代以降の豊かさによって、消費される宗教的なものとしてはスピリチュアル（現代的な神秘主義）が注目された。しかし、たとえば、たしなみとして瞑想をするIT企業の経営者と、結婚や就職もままならないなかでスピリチュアルな自分探しをする若い女性との間には、大きな差異もあるだろう。

「貧者のセクト」という説からすれば、セクト的な、つまり禁欲的で布教に熱心な一部の宗教が、不景気を背景にして若い層に手をさしのべても良いはずであるが、一部の福音派・ペンテコステ派のキリスト教などに少し見られるほかは、あまり大きな動きとはならなかった。

もちろん、きっかけはスピリチュアルであっても、個人が特定の集団に長くかかわって搾取され続ければ、それはカルト的な事例となりうる。2007年に霊感商法問題が報道された「神世界」とかかわりがあったサロンの一部は、すぴこんに出展していたとの指摘もある。スピリチュアルがカルトへの入り口となる可能性も、ゼロではない。

「テレビ霊能者」江原啓之は「すべては偶然ではない」「苦労も成長のための学び」という教えで多くの人の現状を慰撫しつつ、最終的には、祖先を思い自分が生かされていることに感謝せよと説いた。江原は、カウンセリング的な話術と、イギリスのスピリチュアリズム、そして祖先崇拝にもとづく日本人の宗教観を融合させ、幅広い支持を得ていたのである【詳細は次章】。

本章で見たようなスピリチュアリティの発現は、やはり高度に個人主義的なものであった。それは、スピリチュアリティ情報の発信源がアメリカであることと無関係ではないだろう。

祖先や家族の面目をつぶすようなことはしないということが最大の倫理的規範となっている日本人にとっては、江原のような、日本の宗教伝統と連続性があるような「スピリチュアル」のほうがより強くアピールするともいえる。

スピリチュアリティが「超自然的な力や存在に自己が影響を受けている感覚」であるとするならば、神社仏閣に行ってすがすがしい気持ちになることも、最も広義にはスピリチュアルな実践である。

しかし、たとえば靖国神社への参拝や親族の墓参りなどが「スピリチュアルな体験だった」というような言い方は、あまり耳にしない。つまり、少なくとも現代の日本では、典型的なスピリチュアリティとは個人的な「セルフ・スピリチュアリティ」のことなのであり、公共的かつ集合的に祖先に感謝するといった「集合的なスピリチュアリティ」は、そもそもあまりスピリチュアルな実践だとは言われないのである。

こうした意味では、極端に個人主義的でスピリチュアルな「聖なる自己」という発想は、日米でその浸透にスピードの違いがあるとも考えられる。日本社会全体で見れば、家族的共同体の強さが「自己宗教」の全面的な浸透を抑制している面もあるからだ。

セラピストのエレン・バスとローラ・デイビスによる『生きる勇気と癒す力』

は、性暴力の被害者の女性が、被害を認識しそこから回復していく際のバイブルのような著作であり、同時にさまざまな社会的論争を巻き起こしたものである。そのなかで、被害者にとってのスピリチュアリティは、次のように説明されている。

> スピリチュアリティとは［……］生への情熱であり、他とつながっているという感覚、つまり、自分が世界の一部であると感じることです［……］自分を超える大きな力に触れるのです［……］オタマジャクシは蛙に、さなぎは蝶に、傷ついた人は健やかに、命あるものはすべて本来の姿になろうとする力があります。癒され、健やかな自分をまるごと感じたいと願うこと、これが魂の営みなのです。（Bass and Davis 1988=1997: 170）

以上本章では、ますます個人が自己の尊重を要求する現代社会において、トラウマなどのセラピー的な用語を用いて被害クレイムがなされている様子を考察した。従来の公共性の概念は変容を遂げ、当事者がありのままの自分を認められようとする時代が到来している。公共圏において拡大していく被害クレイムにとって、スピリチュアリティとは、セラピー的な瞬間に再発見される自己の、高められた真正さの表現なのである。

付記

本章は部分的に拙著『セラピー文化の社会学』（小池 2007）と重なっている。

第 II 部

メディアで語られる
セラピー的言説

When Psychotherapy Becomes a Religion

テレビメディアの中のスピリチュアリティ

本章ならびに次章では、自分探しや自己実現に代表されるようなセラピー的言説が、ポピュラー文化、中でもメディアに浸透する様子について分析、考察するものである。中でも、江原啓之や勝間和代といった人物に着目する。本書「はじめに」で示した分析の水準で言えば、引き続き「レベル2」に相当するものである。

1　メディアとスピリチュアル

2000年代の日本では「スピリチュアル・ブーム」が起こったと言われた。このブームにおいて決定的な役割を果たしたのが、スピリチュアル・カウンセラー江原啓之（1964-）によるテレビ番組「オーラの泉」であった。江原はまた、六星占術という占い本のベストセラー作家・細木数子（1938-2021）とともに、「タレント霊能者」「テレビ霊能者」とも言われた。こうしたスピリチュアル・ブームも、より大きな文脈でとらえれば、宗教への個人主義的な関わりが増大しているという時代の流れの中にある。

宗教研究においても、時代を画する宗教現象として、伝統宗教から新宗教へ、新宗教から新新宗教へ、新新宗教から新霊性運動へという流れがあったが、現在では、相互にほとんどつながりのないバラバラな個人が、テレビ、書籍、インターネットなどのマスメディアを通じて、宗教性に関わる情報にアクセスする度合いが、相対的に高まってきている。

「スピリチュアル」で真っ先にイメージされるのは、教団を離れた文脈でも個人的に探求できるようなスピリチュアリティであり、書店の「精神世界」コーナーに見られるような一連の発想である。テレビなどのメディアにまでスピリチュアルなメッセージが進出しつつあるのは、もはやグローバルな現象であるため、事例は日本とアメリカの両方におよぶ。なお本章では、セラピー文化とスピリチュアリティ文化の双方に関わる領域を必然的に論じることになる。

2　日本の事例：江原啓之と細木数子

(1) テレビ霊能者

2000年代以降の「テレビ霊能者」の代表格と言えば江原啓之と細木数子であった。過去のテレビ霊能者でよく知られたものとしては、超能力者ユリ・ゲラー（1946-）や清田益章（1962-）、あるいは霊視で人気を博した宜保愛子（1932-2006）などがいた。しかし、江原と細木によって、霊能番組は、彼らの名前を冠したゴールデンタイムの番組となり、出演者や制作側がどこまで意図していたかは別としても、日本のお茶の間でスピリチュアルや宗教性に関する内容がより頻繁に視聴された。

1995年のオウム真理教事件によって、霊能・超能力番組はしばらく作られなくなったが、2001年以降になると、少しずつ復活するようになる（堀江2008)。

以前より女性誌に登場していた江原は、2003年にテレビ東京系深夜番組「えぐら開運堂」にレギュラー出演を果たしている。この番組は、登場する一般視聴者の悩みに対し、江原が霊視するという内容のものだった。

2004年からは、家族を亡くし、悲しみにくれる遺族のために、死者からのメッセージを霊視して江原が伝えるという特番「天国からの手紙」がフジテレビ系列で不定期に放映された。平均視聴率は15%前後だったという。[*1]

2005年にはテレビ朝日系で「オーラの泉」が水曜23時台に始まり、次第に江原は全国区の有名人となっていった。この番組は、毎回1人芸能人のゲストが呼ばれ、その芸能人のオーラ、前世、守護霊を江原が霊視することで、彼女／彼に生き方のアドバイスをしていくといった内容だった。またこの番組の正式タイトルに「国分太一・美輪明宏・江原啓之　オーラの泉」とあるように、企画意図としては、霊感が強いという歌手・美輪明宏をフィーチャーした番組でもあり、また、司会の国分が、男性アイドル専門のジャニーズ事務所所属であることから、いわゆる「ジャニーズ枠」の番組でもあったという。[*2]

「天国からの手紙」と「オーラの泉」は、霊能番組にとって大きな転換点となった。従来の霊能・超能力番組は、恐怖や怪奇、特異性を強調したトーンであったが、江原の番組はむしろ、「泣ける」映画や小説のブームとも連動しているような「感動」を演出した。またそこで語られるメッセージも、非日常的なものというよりは、日常的な人生訓に近いものとなっていた。

2007年4月に、「オーラの泉」はゴールデンタイムである土曜の20時台に進出した。江原の説く世界観は、精神世界、英国スピリチュアリズム、日本の宗教性のミックスとも言うべきもので、物質的な世界よりも精神的な世界の優越を説き、魂は永遠であり、人生で起こることは全て偶然ではないとするものである。霊媒が死者と交信できるという発想は、主として英国スピリチュアリズムに拠るものであるという。

江原は「スピリチュアル・カウンセラー」を自称し、折からのスピリチュアル・ブームと結びつけられて、アカデミックな世界からもしばしば分析の対象になってきた。いっぽう、細木数子は、アカデミアからの言及は少ないものの、視聴率や書籍発行部数の点では江原を凌駕する影響力があった。細木数子は、10代の頃からバーやクラブの経営などを手がけており、いわば実業家として培った様々な人生経験を背景として、野村沙知代、デヴィ・スカルノ夫人に次ぐ、歯に衣着せず物を言う中年女性コメンテーターとして人気を獲得した。細

＊1　以下、本章における番組視聴率のデータは、テレビ関係者によるものである。

＊2　複数のテレビ関係者らの見解による。

木は1982年、44歳の時より「六星占術」という、中国の算命学を下敷きにした占い本を出し、占い本作家の中で最大のベストセラー作家となり、ギネスブックにも載っているという。

2004年には細木によるフジテレビ系「幸せって何だっけ」、TBS系「ズバリ言うわよ！」の2番組が始まり、ゴールデンタイムに冠レギュラー番組をもった初の占い師となったといえよう。両番組とも、多くは少々落ち目、ないし脇役の芸能人を毎回1人ゲストに呼び、その状況を細木に叱咤激励してもらうという構成になっていた。「幸せって何だっけ」では、一般視聴者から寄せられた家庭の悩みを細木が一刀両断するというコーナーもあった。

細木は、六星占術をベースにしながらも、テレビでは先祖供養の意義を常に説いていた。ひとことで言えば、六星占術で宿命を知り、先祖供養で運勢を好転させていくというのが細木流のやり方である。特に先祖供養は、細木流の宗教的実践における核となる部分である。細木は、自著の中では「先祖＝自然＝宇宙＝神」であるとも明言している（細木 1987）。また、細木の説く「因果の法則」とは「先祖、また現在生きている人々のなかに、(1) 養子縁組　(2) 水子　(3) 離婚　(4) 事故死（自殺なども含む）(5) 私生児がいると、必ず何らかの問題を［子孫が］抱えるようになるということ」だという（細木 1987: 64）。個人の問題の多くは、自分あるいは何代か前の先祖がこれらの問題を抱えていたからだと解釈され、それを正すためにも、正しい先祖供養と墓の建立が必要だと説くのである。こうした考え方は、細木の番組の中でもよく語られていた。細木は書籍では「これまでの私の主張は『六星占術』によって『宿命』を知り、先祖供養によって『立命』に易えていく［立命＝天命を全うすること］。そして真の先祖供養は宗教と一体であるという、一貫した流れ、システムの上に成り立っています」と述べていた（細木 1987: 185）。

江原も細木も、ゴールデンタイムの番組という文脈でありながら、前世、魂、先祖といったテーマを交えつつ、わかりやすいメッセージを断定口調で述べていた。江原のほうが、より「スピリチュアル」に傾斜した内容になっており、細木は伝統的な日本の祖先崇拝の考え方に一定程度沿って語っていたと言える。そこから予測されるのは、江原の支持者の多くが30代までの未婚女性であり、細木の支持者の中心が、家の墓の管理に関心をもつような世代の主婦であるというイメージであろう。

(2) 高まる批判

日本におけるテレビ霊能者の系譜を振り返ってみると、彼らは一時期はテレビ界でスターとして注目されるものの、そのほとんどはやがてバッシングにさらされている。江原や細木も例外ではなかった。

目立てば叩かれるタレントと同様、両者とも、まず週刊誌を中心にバッシング記事が書かれた。2007年2月には、統一教会の霊感商法を長く批判してきた「全国霊感商法対策弁護士連絡会」が、「オーラの泉」ゴールデンタイム進出直前というタイミングで、当時の霊能番組について是正を求める要望書をテレビ各局に提出した。要望書では「近時超能力や心霊現象などを喧伝し、安易に霊魂観や死後の世界についての特有の考え方を断定的に述べて、これを視聴者に植えつけかねないテレビの番組が目立ちます。これらの番組は、いわゆる霊感商法的手口による消費者被害や宗教的破壊カルトへの入信被害の素地となり、また、現実生活からの逃避的自殺の一因となっていると考えられます。／貴連盟や協会、機構においてもこのような番組の社会的影響に注意を払い、いきすぎを是正する措置を講じられるよう求めます」と述べていた(引用文中の「／」は改行を示す。以降も同様)。[*3]

また、論争の多いあるキリスト教系新宗教のビデオセンターにおいて「オーラの泉」ビデオが使用されていたとの報道もなされた。[*4]江原はこうした報道やバッシングに対し『江原啓之　本音発言』(江原2007) などで反論も試みたが、ストレートに反論したことは、マスコミからの反発をもたらし、かえってバッシングの根を深めたようにも思われる。

特に江原に関してさらに騒動となったのは、2007年7月にフジで放映された番組「FNS27時間テレビ『ハッピー筋斗雲』」の一件であった。この番組について、NHKと民放で作る「放送倫理・番組向上機構」(ＢＰＯ) の放送倫理検証委員会が、2008年1月に批判的な「意見書」をフジに提出するという事

＊3　2007年当時のインターネット情報による。
＊4　『しんぶん赤旗』2007年4月15日。

態に発展した。

問題になったのは、ボランティア活動に従事する秋田の美容室経営者女性を扱ったコーナーであった。番組では架空の講演会を設定し、ドッキリカメラ的なやり方で江原を登場させた。美容室の経営がうまくいっていないとスタッフから聞いていた江原が、女性経営者に対して、ボランティアにのめり込みすぎることがないように等と諭すという構成だった。しかし、美容室の経営は実際には問題はなく、だますような番組構成に憤った女性経営者の批判的な声が、週刊誌で既に報じられていた。

意見書では、このコーナーは霊能師ありきの企画であり、裏付けもなく断定的な表現をしたと判断された。意見書の記載は次のようなものである。「『スピリチュアルカウンセリング』なるものを面白く見せるため、一方的に出演させた人の生活状況を十分な裏付けも取らずおとしめた」「出演者の心情に気を配った手続きも取らず出演させ、『スピリチュアル』という非科学的なカウンセリングを押し付けていいのか」。[*5]

この意見書を受けて、2008年4月、フジテレビはＢＰＯの検証委員会に自社報告書を提出した。報告書によれば、この件を受けてフジテレビは『番組制作ハンドブック』に「一般人出演企画は出演者の人権に配慮し、慎重に進めていく」という項目を新たに設けたという。その中で「[ドッキリカメラのような]『サプライズ』の演出手法を用いる際は、当人や周辺を傷つけないよう十分な裏づけを取る／収録時や収録後など、さまざまな段階で当人や周辺の心情を配慮したきめ細かい同意作業を重ねる」ということを求めているという。[*6]

フジはまた、意見書を受けて、バラエティ番組のプロデューサーたちにアンケートや勉強会を実施したという。フジの報告書は「ハッピー筋斗雲」について「コーナーにご出演いただいた皆様は全く関知していない部分での番組制作上、演出上の問題。結果として、出演者の皆様、関係者の皆様に多大なご迷惑、ご心労をお掛けしてしまったことを改めておわびする」と結んだ。しかし、同意を得ないかたちでのカウンセリングやドッキリ的手法については大きく反省

＊5　『時事通信』2008年1月21日、『東奥日報』2008年1月22日。
＊6　『毎日新聞』2008年4月7日。

を示したものの、非科学的な「スピリチュアル」を番組で扱ったこと自体については何も言及していないという内容であった。ＢＰＯには以前より視聴者から霊能番組への批判が寄せられていたが、同意を得ずに一般人に一方的に不当な扱いをしたという事態に及んで、初めてＢＰＯは明確にテレビ局を批判したのだと言えよう。

2007年12月4日には、全国霊感商法対策弁護士連絡会が、臨時に「スピリチュアル・霊感110番」という電話相談を開設した。当日寄せられた被害相談は59件で、被害総額は1億3299万円にのぼったという。[*7]

また同年同月、ヒーリングサロンを看板に掲げた「神世界（しんせかい）」グループによる霊感商法問題も報じられた。神世界グループは、スピリチュアル・ブームを背景に霊感商法をおこなっていたとみなされたほか、その経営に神奈川県警の警視が関わっていたことでも注目を集めた。サロンでは「癒し」を掲げ、初めは千円程度の金額で「体験ヒーリング」に勧誘、その後に除霊や霊視鑑定の名目で50万円以上のお守りなどの高額の商品を販売した事例もあったと報じられた。[*8]

細木数子に関しては、ジャーナリスト溝口敦（1942-）が『週刊現代』に批判的なルポルタージュ「魔女の履歴書」を2006年より連載していた。細木が同年、これを名誉毀損だとして、講談社社長を相手取って6億円の損害賠償を求める民事裁判を起こしている。

こうした批判をどの程度意識したのかは定かではないが、2008年が明けたころ、同年3月をもって細木が先の2つの番組を降板することが発表された。

細木の番組終了直前の最後の話題としては「朝青龍騒動」があった。怪我で故障していた際に本国モンゴルでサッカーをしている姿が報じられたのをきっかけに謹慎処分を受け、抑うつ状態であると言われていた横綱・朝青龍（1980-）について、角界と交流が深い細木が、番組内で彼を擁護する発言をしたり、また彼を番組に登場させて語らせるなどした。

溝口の記事をめぐる裁判に関しては、2008年7月ごろまでに和解の方向で

＊7　『しんぶん赤旗』2007年12月17日。
＊8　MSN産経ニュース　http://sankei.jp.msn.com/　2007年12月20日付。

話し合いがおこなわれたという（溝口 2008）。なお、「ズバリ言うわよ！」の通算平均視聴率は16%、「幸せって何だっけ」は15.2%であった。

「オーラの泉」では終盤、オーラについての言及が減り、前世について語る時も「夢物語と思って聞いてくださいね」等と前置きをすることも増えていった。ゴールデンタイムに移ってから、霊能的要素が後退し、トークショー的な色彩が強くなったとの見方もあった。そのバランスを取るためであろうか、2007年10月ごろからは、毎回のゲストコーナーのほかに帯コーナーができ、そこでは、世界の不思議現象をビデオで紹介する「オーラな出来事」、複数のタレントが江原に自己の不思議体験を解釈してもらう「芸能人が本当に体験した不思議な話」、悩める芸能人に対する「オーラの相談室」などで構成されていった。しかしその帯コーナーの企画は一定せず、番組としてはやや焦点が定まっていない印象も見受けられた。2006年、深夜番組の時点で12.4%あった視聴率は、ゴールデンタイムに移ってからは、2007年の平均で11.7%、2008年には9.7%と、漸減傾向となっていき、2009年に番組としては終了した。

大きな流れから見ると、オウム事件以降、しばらくは目立たなかった霊能、スピリチュアルの世界が、2000年代に入り、テレビメディアの助けも得ながら再び台頭して来た様子が窺えた。2002年には、精神世界の見本市、スピリチュアル・コンベンション通称「すぴこん」開催が始まっており、スピリチュアルにさらに関心の深いユーザーが主体的に参加できる機会となっていった【本書1章6節も参照】。しかし国民生活センターがまとめた「開運商法」の相談件数は、2004年に1955件、2005年に2145件となり、2006年には3075件とさらに拡大し、同年の契約購入総額は22億8千万円となり、2002年の2倍以上になった。これは、江原、細木の番組が本格化する時期（2004～2005年）とちょうど符号しているとも報じられた[*9]。神世界グループのサロンの中には、すぴこんに出展したことのあるサロンもあったとの見方がインターネットの掲示板上に見受けられた。

こうした占いや易断をきっかけとする被害の拡大を受け、2007年6月、経済産業省も特定商取引法の政令を改正し「易断の結果に基づき助言、指導その

＊9　『しんぶん赤旗』2007年12月17日。

他の援助を行うサービス（役務）」を同法の規制対象に新たに加えている。

人生に迷う現代日本人にスピリチュアルな、あるいは占いに基づくアドバイスをしてきた江原と細木だが、同時に、そうした悩み解決のニーズを満たすために、一部の人々は霊感商法、開運商法にひきつけられてしまったのである。バラバラの個人は、メディアの言説やあるいは見知らぬ他者からの勧誘に対して相対的に脆弱であるという、もういっぽうの現実もそこには見え隠れしていた。

超能力などで始まった霊能番組は、もはや数十年にわたって作られ、定着した感すらある（石井 2008）。霊や超能力など、日常生活では目に見えないものを映像として表現するのは、テレビというメディアに向いた実践ではある。伝統宗教が衰退したところに生まれた宗教的空洞に、やや扇情的とも言える霊能番組が台頭した。宗教的情報である以上、霊能番組は、立証できなかったり空想に及んだりする部分を必ず含むのであり、まさにそれが「大衆へのアピール」と「専門家からの批判」の両方をもたらしていたのだ。ただし、スピリチュアルはテレビ界ではほぼ「宗教」とはとらえられておらず、最後までいわゆる政教分離的な問題（公の放送が特定の「宗教」を扱うのは問題だといった認識）にはならなかった。

3　アメリカの事例　オプラ・ウィンフリー・ショー

次に、事例を外国に移してみたい。アメリカのトークショーの中で、非常に人気があり、また1990年代後半以降、スピリチュアルなテーマを扱うことが増えていったのが、司会者オプラ・ウィンフリーによる「オプラ・ウィンフリー・ショー」だった。

オプラ・ウィンフリーは、1954年生まれの黒人女性である。自己の名前を冠した昼間のトークショーで一躍有名になった司会者・タレントであり、女優、慈善事業家としても活動している。

オプラは貧しい家庭の出身で、幼い頃に近親者からの性的虐待も受けたと告白しているが、読書が好きで、地元のビューティ・コンテストにも出場し、やがてテレビキャスターとしてキャリアを歩むようになった。そして1986年から番組オプラ・ウィンフリー・ショーが始まった。アメリカでは月曜から金曜までの週5回放映されていた。日本ではあまり知られていないが、同番組は世界百ヶ国以上で放映されていた。番組の多大な成功により、2000年代までにオプラは14億ドルの資産を抱えるアメリカでもっとも裕福な黒人女性であるとも言われた。9.11同時多発テロ被害者の追悼式典の司会をつとめたことでも話題となった。

ここで、アメリカのデイタイム（日中の）・トークショーの世界について少し解説が必要かもしれない。数週間もアメリカに滞在していれば気づく事が多いが、アメリカではデイタイム・トークショーが非常に盛んである。そしてそれらの多くは日本のテレビ番組に負けず劣らず低俗で、のぞき見趣味的である。そうしたトークショーは昼間、主に主婦をターゲットに放送されている。そのほとんどは、ヘラルド、ロージー・オドネル・ショー、ジェニー・ジョーンズ・ショーなど、人気のある司会者の名前がそのまま番組名となっている。[*10]

典型例のひとつは次のようなものだ。スタジオにはゲストのために複数のソファが置かれ、多数のスタジオ観覧者が周りで拍手したり声援を送ったりしている。内容は、ゲストとのトークが中心である。いわゆる奇人変人的なものや、素人の出演者による痴話喧嘩、犯罪者・逸脱者やそれに関わる人たちのインタビュー、嫁姑問題（Daughter-in-law Problemという）などが頻繁に取り上げられるテーマである。たとえばカップルが登場し、ガールフレンドのほうが話を始める。「私、あなたにこれまで言っていなかったことを告白するわ［……］実は私、男だったの！」すると取っ組み合いの喧嘩が始まり、会場のボディーガードも登場、聴衆も騒ぎ出すといった具合である。このようなスタイルで特に人気になった「ジェリー・スプリンガー・ショー」（1991-2018）は、映画化、舞台化もされたほどである。[*11]

こうしたトークショーは文化現象として、次第にアカデミアからも注目を集めていった。いわば逸脱した素人たちのナラティブ（語り）が、ジェンダー研

＊10　ここでのトークショーについての記述は主に、筆者がアメリカに赴いていた1990年代のそれについてのイメージが中心であることをおことわりしておきたい。

＊11　この番組とよく似た構成だったのがフジテレビ「愛する二人　別れる二人」（1998-1999）であった。司会はみのもんただった。

究やメディア研究の分析の対象となった。また、トークショーはアメリカ的民主主義の反映であるとか、セクシュアル・マイノリティの声を結果として国民に広く知らしめたといった評価すらあった。アメリカ文化における、エンカウンター・グループ的、自己啓発セミナー的な集団対話というものが、テレビのトークショーに場を移したのだといった解釈も存在しているほどである。[*12]

ジェニファー・ハリスとエルウッド・ワトソンらの研究書などによれば、トークショー全体が低俗な暴露趣味であるとの批判を意識したオプラは、1995年ごろから、番組の方向性を転換していった（Harris and Watson 2007）。オプラの番組では、視聴率の若干の低下も顧みず、自己啓発書の作家などをフィーチャーして、スピリチュアル的ないしセラピー的なテーマが増えていった。

もちろん、マイケル・ジャクソンやトム・クルーズといったセレブリティ・インタビューもしばしば番組の目玉だが、そうした場合でも、しばしば困難を解決した体験のような、内面の告白が焦点になっていることが多い。

いくつか具体的な内容を見てみよう。たとえば、2001年には、『魂との対話（The Seat of the Soul）』（Zukav 1989）著者ゲーリー・ズーカフを招き、自分本来の力（Authentic Power）についての回があった。ズーカフは、明らかにニューエイジ系の作家であり、番組では、人間は自分の感情に向き合うことが常に必要であり、他者の怒り、喜びは常にあなたの内面の反映だと説いた。[*13]

オプラ　「ゲイリーが言うには、自分がどう感じているかについて常に意識することだけが、自分本来の生を生きる方法なんです。それが、彼のすべての本の目的でもあります。それはあなたの人格と魂を結びつけることであり、それがゲイリーの定義する『自分本来の力』なんです。それは世界で最高の感覚です。あなたの性格があなたの魂とともに働くことこそが、あ

＊12　このような見方は、ドキュメンタリー映画“Enlighten Us: The Rise & Fall of James Arthur Ray”（ジェニー・カークマン監督、2016）において示されている。

＊13　以下、オプラ・ウィンフリー・ショーからの語りの引用は、同番組のDVD『The Oprah Winfrey Show: 20th Anniversary Collection』（Paramount、2005）よりほぼ発言通りに訳出した。

なたがこの世に生まれてきてやるべきことなんです」

ズーカフ「自分の信じているものがわからなくなったら、自分の周りを見てご覧なさい。もしもあなたが、世界というものが怒っていて残酷で辛らつだと思うなら、そのとおりになります。あなたの周りにいる人々はどうでしょうか。怒っていて、嫉妬心に駆られていますか？　もしそうならそれは、世界に対するあなたの向き合い方の反映なのです。自分の周りが愛や思いやりや憐憫に満ちた人たちばかりならば、それも世界に対するあなたの向き合い方の反映なのです。まずあなたが変わらなければ、その現実は変わりません」

ここには、スピリチュアル系思想においてよく語られる、他者のありようも自己の思いの反映であり、良い思いは良い現実を引き寄せるという発想そのものが表現されている。

また、1996年に、オプラが番組中の発言でアメリカの牛肉業界に風評被害を与えたかどで裁判になった時、オプラ自身が個人的に雇ったカウンセラー、フィリップ・マグロー（1950-）通称ドクター・フィルは、やがて番組にもレギュラーで登場するようになった。ドクター・フィルはおそらく、アメリカのお茶の間で最も有名な心理学者のひとりであり、オプラ・ウィンフリー所有のプロダクションの制作によって、彼を司会に据えた番組「ドクター・フィル」も2002年から作られた。「禿頭と強いテキサス・アクセントで知られるドクター・フィルのカウンセリングは、厳しく妥協を許さないやり方で、実用的で役に立つ」と評されている（矢口・吉原編著 2006: 70）。彼の著書『史上最強の人生戦略マニュアル』は日本でも2008年に経済評論家・勝間和代の翻訳で出版されている（McGraw 1999）。

1998年のある回では、フィルによる悩み解決セッションがおこなわれた。この回では、18歳の娘が殺された母親ジョアン・コンプトンが登場し、その後のつらい10年間の日々を涙ながらに語った。事件は未解決であり、母親は娘の部屋や持ち物をそのまま残していた。フィルとのカウンセリング的な会話が進むと、フィルは、娘の死に執着しないことは娘を裏切ることではない、死んだ日だけでなく、生きていた18年間のことを思うべきだと説いた。

ジョアン「[泣きながら］私は高い山の頂上に登って、人々にこの痛みを叫びたいです。事件のために、この痛みがなくなることはないんです」
フィル　「その痛みを解消したいですか？　本当にそう思っていますか？　私はあなたに望みます。少なくとも、あなたがどれだけ長く悲しむかということは、あなたがどんなに娘さんを深く愛していたかということの反映にはならないという事実を受け入れるべきです」
ジョアン「受け入れられると思います」
フィル　「また、次のことが受け入れられますか。たとえあなたがこの悲しみを封印しても、またたとえ『私はもうこのことに執着しない』と言うとしても、そのことは娘さんを裏切ることにはならないんです」
ジョアン「はい、受け入れられると思います」
フィル　「もし娘さんが今あなたと話せたなら『お母さん、私はあなたに残りの人生の毎日、苦しんでもらいたいの。そうすれば私を愛していたってことが証明されるから』と言うと思いますか？」
ジョアン「いいえ。そんなことになったら彼女はとても怒ると思います」
フィル　「裏切りにはならないんですよ。裏切りというならむしろ、彼女が死んだ日ばかりに集中して、彼女の人生の様々な出来事を無視してしまっているということのほうです。彼女は、18年間、活気ある素晴らしい年月を生きたんです。でもあなたは彼女が死んだ日にばかり気を取られている」
ジョアン「そんな風に考えたこともありませんでした……」

前世や霊こそ登場しないものの、語られるメッセージは江原の「天国からの手紙」でのそれと非常によく似たものになっていたといえるだろう。

オプラ・ウィンフリー・ショウにはほかにも、代替医療のディーパック・チョプラ（1946-）、『超シンプルなさとり方』（Tolle 2001）著者のエックハルト・トール（1948-）などが出演したことがある。2007年には、「ザ・シークレット」も同番組内で紹介されている。オプラ・ウィンフリー・ショーで取り上げられたこともあって、同年3月には、アメリカのオンライン書店アマゾン・ドット・コムの売り上げランキングで、書籍版『ザ・シークレット』が『ハリー・ポッター』第7巻を抑えて1位を獲得した。

下世話なジャンルだった頃から、トークショーは出演者たちが内面の告白をする場ではあったが、人生論にシフトしたオプラ・ウィンフリー・ショーは次第にセラピー的な語りの場となり、劇的な自己変革はしばしばスピリチュアルな語彙で説明されるようになったのである。[*14] オプラ自身が、そうした自己変容を達成したロールモデルなのであり、また、現在でも野心あるスピリチュアルの探求者であり続けているという。[*15]

最も長く続く、視聴率の高いトークショーで、このようなスピリチュアル的・セラピー的メッセージが好評を博しているのは、アメリカ人のあいだにも、わかりやすい宗教的なメッセージへのニーズが広く存在しているということである。研究者デニス・マーティンは、次のように分析している。

> ウィンフリーは、ニューエイジ哲学とメインストリーム・アメリカ［アメリカで主流の人々］との独特の交わりを作り出し、彼女のメディア能力を使うことによって、彼女の観客がそれまでは知り得なかったようなオルタナティブな価値観をもった作家たちを紹介した。彼女の「非

＊14　もちろん、主婦層の様々な関心に応えるデイタイム・トークショーである以上、スピリチュアルなテーマばかりというわけでは決してない。たとえば『O（オー）マガジン』のベスト記事を再編集した豪華本『ベスト・オブ・オプラ・マガジン』では、スピリチュアリティの項目は、ダイエット、健康、美容、仕事などの12のサブテーマのうちのひとつである（Hearst Communications, Inc. 2007）。

＊15　Taylor, LaTonya. 2002. “The Church of O.” Christianity Today. http://www.ctlibrary.com/ct/2002/april1/1.38.html　2008年10月4日アクセス。

> 教会的な（unchurched）」スピリチュアリティの提示は、組織的宗教からは疎外されてしまった人々に、［スピリチュアリティに触れる］空間を提示した。（Martin 2007: 160）

『クリスチャニティ・トゥデイ』誌も、オプラを次のように評している。「1998年に彼女が『あなたの人生を変えるテレビ』を始めた時、オプラの役割はスピリチュアル・リーダーとしての役割となった［……］彼女はポストモダン的な祭司なのであり、教会を必要としないスピリチュアリティのアイコンなのである」。[*16]

また、本好きを公言しているオプラは、「オプラズ・ブッククラブ」というコーナーを開始し、このコーナーで取り上げた本は、新旧を問わずベストセラーになるようになった。アメリカでは、ノーベル賞を取るよりも、オプラ・ウィンフリー・ショーで紹介してもらうほうが本の売り上げに直結するとの皮肉な意見もあったぐらいである。

また、オプラは、oprah.comというインターネット・サイトも運営し、さらに、インターネットの動画投稿サイトYouTubeにもオフィシャル・チャンネルをもっている。2000年には雑誌『O（オー）マガジン』も創刊した。こうした番組以外の様々な試みもあって、オプラ現象は、人々が関わり交わることができ、自己の向上を目指すひとつの「コミュニティ」を形成しているとの解釈もある。2011年に地上波番組としてのオプラ・ウィンフリー・ショーは終了したが、サブスクリプション時代になっても、配信上で、オプラによるトーク番組は時折制作されているようだ。

霊能番組は他にもある。女性向けのケーブルチャンネル・ライフタイムTVにおいて、イギリス人女性である霊媒師リサ・ウィリアムズをフィーチャーした「リサ・ウィリアムズ　死者とともに生きる」が2007年にスタートし、2008年の第2シーズンまで続いた。この番組は、近親者を亡くした一般視聴者が、リサによる霊視によって死者からのメッセージを教えてもらうという内容を中心としたリアリティショーである。この番組は、アメリカとイギリスで

＊16　Taylor前掲注15より再引用。

放映された。2020年代のネットフリックスにも、カミングアウトしているゲイの霊媒師による番組「タイラー・ヘンリーの死後の世界」がある（2022-）。

このように見てくると、スピリチュアリティをめぐって、日米英のテレビにおいて、顕著な共通性が明らかになってくる。江原、細木、オプラ・ウィンフリー、そしてリサ・ウィリアムズも、主に女性視聴者を主要なターゲットとしている。また、熱心なファンがオンラインでさらなる知識に触れたり、自分と同じようなファンと交流したりできるホームページやスマホ向けサイトなどが開設されていることも興味深い共通点である。また、宗教性を全面に出すというよりも、わかりやすい人生訓を提示しているというのも、こうしたテレビ番組にとって万国共通の特徴であるようだ。

細木もオプラもリサも中年以降の女性であるという共通点があるが、オプラはスピリチュアルな事柄に関しては専門家に語らせるというスタイルを取っているのは相違点かもしれない。テレビ霊能者自身はバッシングを受けやすいので、彼女ら／彼らをメインにした番組は短命だが、オプラの場合は、次々と出演者が変わるので、番組自体は長く存続した。その意味では、日本の昼間の番組内で役に立つ生活情報を指南した、かつてのみのもんたとも共通性が窺えるだろう。[*17]「幸せって何だっけ」にも細木による料理のコーナーがあったが、バラエティ色が強くなれば、料理やダイエットといったテーマもこうしたトークショーのコンテンツとして一般的なものである。

もちろん、有名になりすぎたオプラに対しても、批判がないわけではない。しばしば、反戦を口にしたり、マイケル・ムーアを頻繁に番組に登場させたり、バラク・オバマへの支持を表明したりしたことから、保守派からの批判もあったようだ。また、オプラが『ザ・シークレット』を紹介したことなどをめぐり、オンラインマガジンSalon.comのコラムでピーター・バーカンヘッドが批判している。[*18]バーカンヘッドによれば、『ザ・シークレット』は物質主義的で反知性主義的であり、またオプラ的な発想とは、大した努力はせずに自分を変え

＊17　この点は、本章のもととなった原稿の内容を検討するための研究会席上における参加者からのコメントに示唆を得た。

＊18　Birkenhead, Peter. 2007. “Oprah’s ugly secret.” Salon.com http://www.salon.com/mwt/feature/2007/03/05/the_secret/　2008年10月5日アクセス。

たいという欲求にアピールするものであり、また、自己を真には吟味しないままに自己愛を肥大化させた文化の反映であるとし、その影響力を看過すべきでないというのだ。

4 グローバル化とスピリチュアル・ブーム

過去のテレビ霊能者同様、江原や細木も批判されていった。2007-2008年の新聞記事を見ても、スピリチュアル・ブームに関する記事があると、「すぴこん」や「癒しフェア」が紹介され、また、スピリチュアル・ブームのもつ落とし穴についても言及しているものが多かった。[*19]

そうした活字メディアでも良く書かれていた解釈は、格差社会がスピリチュアルへのニーズ拡大をもたらしているというものだ。雇用や結婚もままならない中で、特に女性にスピリチュアルがアピールしているというのは一定の説得力をもっている。各種のアンケートを見ても、当時の霊能番組に強い関心があったのは女性と若年層であるのは確かであるようだ。[*20]

他方、男性については、先行き不安な日本社会の中でナショナリズムに惹かれていく傾向も指摘された。そうしたナショナリズムにおいても、靖国神社といった宗教的なシンボルが果たす役割は決して小さくないだろう。

より批判的な視点からは、スピリチュアルの語る「自分の運命には責任がある」という言説と、グローバル化した世界における自己責任論との親和性を指摘する声もある。スピリチュアルも、そのイデオロギー的な側面を批判していけばそれは宗教アヘン論の再来となるだろう。少なくとも、低俗化したバラエティ番組で語られるスピリチュアルについては、冷ややかな意見が高まった。三浦展もベストセラー『下流社会』の中で、「団塊ジュニア」で「下流」に属する人はフジテレビを好む傾向が強いと指摘した（三浦 2005）。新自由主義の厳しい状況下で、つかの間の慰めを与えてくれるのがバラエティとしてのスピリチュアル番組であったとしたら、それは非常に寒々しい光景であろう。バラ

＊19 『しんぶん赤旗』2007年9月24日、『西日本新聞』2008年1月1日など。
＊20 『朝日新聞』2008年2月23日。

エティが下流化する時代（櫻井 2007）の、もうひとつの側面は、視聴者が優越感に浸れる存在である「おバカタレント」のブームだったのかもしれない。

IT化、グローバル化が進む2000年代のアメリカ社会でも、個人はメディアに流れるスピリチュアル情報にますます惹き付けられていたようだ。オプラもまた、必ずしも洗練された番組として認知されてきたわけではない。

もちろん、ビジネス自己啓発といったポップ心理学や、スピリチュアル・ジャンルの根強い人気が示しているのは、わかりやすい人生論に、大衆の変わらぬニーズが存在しているということでもある。日本の霊能番組や、オプラ・ウィンフリー・ショーから見えてくるのは、テレビメディアにおいて、霊能者や人気司会者といった「カリスマ」によってわかりやすく霊的・宗教的なメッセージが説かれていたこと（辻村 2008）、それと同時に、テレビという枠である以上、教団的な宗教性はあからさまには語りづらいが、スピリチュアル、セルフヘルプ、あるいは生活習慣にかかわるコンテンツならばそこで取り上げやすかったということである。細木も、テレビでは「宗教」という文言はまず用いていなかったし、墓参りや先祖供養といった行動は日本人にとっていわゆる「宗教」とは見なされないことも多い。[*21]

そして、それと一見矛盾するようではあるが、テレビというメディアによって多くの国民に届くメッセージであればあるほど、それはその社会のもつ宗教的伝統との連続性もある。汎神論的世界観 ――つまりは何にでも神が宿るという感覚―― をもつ日本人は、安易に「無宗教」という意識をもちやすいとも言われるが（村田 2007）、江原と細木の考え方は、祖先崇拝や魂の永遠といった観念によって、日本の伝統的宗教性と接合している。アメリカのテレビショーにおけるスピリチュアルは、瞑想や、聖なるものとしての自己、そして自己変革などが語られることが多いが、それもまた、個人が宗教体験を通じて生まれ変わるというテーマであると解釈すれば、アメリカのキリスト教文化と充分に連続性があるのだ。

テレビ霊能者やスピリチュアルな番組の台頭は、教団宗教の相対的な後退と、

＊21　オプラ・ウィンフリーも、テレビカメラのない、ファン向けの講演会では「神」に言及することもあるとの指摘がある（Taylor 前掲注15）。

それに呼応するかのように起こってきたメディアにおける宗教情報の拡大という大きな流れの中にあった。石井研士もまた「地域や血縁を契機とした伝統宗教が希薄化し、宗教団体に対する忌避感が増大する中で、メディアは宗教に対する新しい制度的基盤として確立してきた」と述べている（石井 2008: 249）。テレビ霊能者はおそらく、今後21世紀中に台頭してくるであろう「インターネット宗教」などへの橋渡しをしている存在なのであろう[*22]。必ずしもスピリチュアルなコンテンツだけに限らないが、グローバル化の競争の中で疲弊した個人に対し、マスメディアを通じて一時的にであれ、「救い」を提供するような様々な動きは、批判を受けながらも、さらに定着していくことだろう。

＊本章は、小池靖　2008「現代メディアの中のスピリチュアル・ブーム」（『国際宗教研究所ニュースレター』59号所収）に加筆し、再構成したものである。メディア資料の調査にあたっては、宗教情報リサーチセンター（RIRC）も利用した。

＊22　2020年代になり、「インターネット・カルト」として出現したものはQアノンであった。Qアノンは、従来の精神世界イメージでは捉えきれない現象の台頭であると思われる。

現代の自己啓発作家

1　自己啓発というジャンル

自己啓発と呼ばれるジャンルがある。自己啓発書、自己啓発セミナーなどがその典型だ。

自己啓発でもっとも長く人気がある発想はポジティブ・シンキング（積極思考）と言って、何事も前向きに考えれば良い現実が起きるという考え方である。

デール・カーネギー『人を動かす』（Carnegie 1937）、スティーヴン・R・コヴィー『七つの習慣』（Covey 1989）など、自己啓発書の中には世界的なロングセラーとなっているものもある。こうした書物ジャンルは、1920年代以降のアメリカにおいて特に発達してきた。つまり自己啓発書は、都市化のもとで社会不安が増えたり、仕事の中で対人関係の重要度が増していったりする時代の産物である。自己啓発は、ポピュラー文化における、セラピー的な情報であるととらえることもできる。

また、自己啓発は露骨に宗教的なメッセージは説かないが、生き方の指針を与えるという意味では宗教の機能の一部を代替していると言えなくもない。前向きな生き方をすれば精神レベルが上がって幸せになるとか、果ては「そうじ力」によって運気を上げるといった内容の自己啓発書すら売れている。また、情報整理術や仕事術、さらには恋愛マニュアル本なども、自己啓発と隣接するジャンルを形成している。英語圏ではこれらはすべてSelf-Help Books、自助本と呼ばれている。

2　勝間和代とは

さて、2008-2009年の2年間に、あっという間に日本の自己啓発書の世界の頂点に駆けのぼった女性作家がいた。それが、経済評論家で公認会計士の勝間和代である。『お金は銀行に預けるな』（勝間 2007）を皮切りに、自己啓発、仕事術、さらには社会的提言といったテーマの書籍を次々とベストセラーにしており、累計発行部数は500万部にのぼるという。[*1]

勝間の経歴は次のようなものだ。1968年生まれ、慶應義塾大学商学部卒。19歳で公認会計士2次試験を当時最年少で突破。アーサー・アンダーセン、マッキンゼー、ＪＰモルガン証券など外資系企業を経て、経済評論家として独立。16年間で年収を10倍にしたという。2005年、『ウォール・ストリート・ジャーナル』で「世界の最も注目すべき女性50人」に選ばれる。その他、男女共同参画などに関する政府委員会の委員も歴任した。21歳での初出産を皮切りに3人の子どもを育て、離婚歴もあるという。

朝日新聞書評欄でさえ、評者小柳学（編集者）によって、勝間著『起きていることはすべて正しい』（勝間 2008b）書評において「何を隠そう［……］筆者自身もカツマ本の愛読者である。読了後しばらくは向上心に燃えていることも、ここで告白しておく」と書かれたほどである。[*2]

勝間自身は自己啓発の主導者というよりは問題解決屋として受け取られたいようであるが、[*3]やはり勝間の主張の本質は、経済ノウハウよりもむしろ自己啓発にあるのではないか。

勝間の思想は多岐にわたり、要約が容易ではないが、『起きていることはす

＊1　マネージメント会社ホームページのプロフィールによる。http://www.bigbenn.jp/wp/clients/kazuyo-katsuma/　2022年4月10日アクセス。
＊2　『朝日新聞』2009年7月19日朝刊、11ページ。
＊3　立教大学における講演より。2009年11月14日。

べて正しい』(勝間 2008b)、『断る力』(勝間 2009a) などに勝間式自己啓発のエッセンスが表されている。それは「運を戦略的に考え、不運を幸運に、幸運を実力に変える手法」であるという(勝間 2008b)。

勝間によれば、人間は日々問題解決に向けて向上している生き物なのだから、たとえ逆境にあっても、題名のとおり「起きていることはすべて正しい」のである。「起きていることはすべて、自分に対するメッセージ、あるいは何らかのチャンスとして受け止めよう［……］そこに対して自分の持っているパーソナル資産を正しく割り当て［……］最大の成果になるように行動を続けよう」(勝間 2008b: 262)。得意な分野に時間をかけ、自分のスキルを向上させるべきである。目標を立て、アンテナを張って生活していれば、潜在意識が自分に良い偶然を引き寄せるという(セレンディピティの力)。また人間は、常に高い自己肯定感(セルフエスティーム)をもち、アサーティブ(他者肯定的、説得的)に自己主張をしてゆくべきであるという。

また中山正和『洞察力』(中山 1988) をヒントに、仏教の教えを独自に解釈し「怒らない、妬まない、愚痴らない」の「三毒追放」を提唱し、三毒追放をすれば人生がさらにうまくいくとも述べている。

その昔『何でも見てやろう』という本があったが(小田 1961)、勝間流自己啓発はまるで「何でも実行してみよう」である。多くの自己啓発書をすすめながら、古今東西の自己啓発書に書いていることは実は同じですとハッキリ認め、しかしピンと来ることがあれば何かひとつでいいから実行に移してみましょうと呼びかけている。古いメッセージを新しいパッケージに包み、人の向上心を刺激する。成功している人には、自分のやり方は間違っていなかったのだと確信させ、もっと向上が必要な人に対しては背中を後押ししている。さらに、文章は平易で読みやすい。

また、これまでの自己啓発書にはなかったことだが、自分の着想のきっかけになった他の作家の自己啓発書を、自著の中で表紙写真とともに頻繁に紹介している場合もあった。ライバル作家たちと競争するよりも相乗作用で売れることを志向しているとしたら、まさに自己啓発書の説くWin-Win(両得)関係である。

勝間は、パソコン通信時代からコンピュータに慣れ親しんできた「ガジェットおたく」でもあるようで、本によっては、推奨するノートパソコン、ICレコーダーから自転車に至るまで、様々な商品が写真付きで掲載されていた。ブログの開設や、インターネットによる仕事全般の効率化も推奨しており、精神科医・斎藤環は勝間を「Google教の伝道師」とさえ形容した（斎藤 2009）。

勝間は短期間で信奉者を増やし、勝間流自己啓発を目指すファンは「カツマー」と呼ばれ、2009年の流行語候補にも選ばれた。同時期、mixiのオフ会などで勝間式スキルを学び合う勉強会などをおこなっている熱心なカツマーたちも居たという。テレビ出演も増えていった勝間だったが、テレビではどこか、「オフ会に来るようなちょっとマニアックなキャリアウーマン」然としたイメージもあり、インターネット世代には親しみがもてる雰囲気であろう。

勝間自身、ワーキングマザー向けのサイト「ムギ畑」を主宰してきたほか、有名ブロガーたちによって自著の情報を広めてもらったり、大手書店の店頭では自分の本に手書きのPOPディスプレイを置いたりしていたという。勝間は、出版不況の中、ネット人気と書籍人気を結びつけることができた数少ない作家のひとりだった。また、「ツイッター」の日本における知名度を上げることにも勝間は貢献したようだ。

勝間自身、自己の向上のために月に50冊以上本を購入して読んでいると主張しており、しかもそれらは「フォトリーディング」で読んでいるという。フォトリーディングとは、洗練された飛ばし読みのようなもので、本のキーワードをすばやくつかみ、むしろ、その本によって自分の発想を喚起させるものだと言われている。フォトリーディングでは、頭の後方30センチにミカンがあると想像する「ミカン集中」や、読前・読後の自己暗示のための呪文「アファーメーション」があり、催眠療法との連続性を感じさせるものである。フォトリーディングとともに勝間が薦めているものにマインドマップ法というものもあるが、これも、頭の中に浮かぶ様々な要素を系統的に書き出すという情報整理術であり、往年のＫＪ法などとも共通点が多いものである。

催眠や潜在意識の活用は、アカデミックな心理学研究からはあまり重視されないものであるが、自己啓発書においては根強い人気がある。目に見えない力を生活に役立てようとする姿勢は、スピリチュアル系の発想につながる面もある。勝間が『起きていることは…』内で盛んに推奨するNLP（神経言語プログラミング）も、催眠の研究から生まれたものである【本書8章参照】。

自己啓発マニアは世に数多く存在しているだろうが、勝間自身が、自己啓発の知識を実行に移して実際に成功したロールモデルとして振る舞ってきたのである。

3 カツマー・ブームとその論争

勝間がそれまでの他の自己啓発作家と大きく異なっている点は、社会的提言・社会活動を多くおこなっていたことである。勝間は、同時代の人気作家たちとともに、印税の20%を貧しい国に寄付するというChabo!というプロジェクトも2008年に開始している（2017年ごろまでには終了したようだ）。

また、自分のミッション・ステートメントとして、少子高齢化問題の解決、日本のワークライフバランスの是正、アフリカなどへの貢献を挙げている。また、『勝間和代の日本を変えよう：Lifehacking Japan』（勝間 2008a）では、日本を変えるための15の提言として、選挙権の行使、家計政策費・教育費の増加、非正規雇用の待遇改善、収入の5%を寄付することなどを推奨した。

勝間は、2009年の政権交代直後、内閣戦略室の菅直人を訪ね、デフレ対策をすべしとのプレゼンテーションをおこない、話題となった。勝間は、ツイッターでデフレ対策賛同の「署名」を集めるという試みにも挑戦していた。既にブログで勝間と議論をした経験もあった政策・メディア学の池田信夫は、勝間のデフレ対策を批判し、ブログだけでなくツイッター上でも論争が広がった。池田はさらに、弱者にアピールして信者を集めたキリスト教になぞらえ、勝間を「貧困ビジネス」であると批判もした。[*4]

また、精神科医の香山リカは『しがみつかない生き方「ふつうの幸せ」を手に入れる100のルール』（香山 2009）の中で「〈勝間和代〉を目指さない」という章を設け、勝間ブームを批判的にとらえた。曰く、メディアに出る成功者のような生活を皆が目指す必要はなく、努力の末に失敗しても不全感が募るばかりなのではないかという趣旨であった。

＊4　http://ikedanobuo.livedoor.biz/archives/51312295.html　2009年11月26日アクセス。

しかし、香山リカも、大衆向け心理学書の作家である。大学で教えられているような「アカデミック心理学」に対して、自己啓発書などは「ポップ心理学」とも呼ばれると1章でも既に指摘した。ポップ心理学においては、ポジティブ・シンキングなどの自己拡大型の「強い自己」を強調する立場と、自己の被害やトラウマを認めてもらい癒されたいという「弱い自己」を強調する立場がある（小池 2007）。「カツマー」ＶＳ「カヤマー」論争というのは、いわばポップ心理学の中における「強い自己像」と「弱い自己像」とのあいだの綱引きであるとも言える。

勝間・香山には対談の企画も複数持ち上がった。最初にこの2人の対談を掲載した『AERA』記事でも、宇野常寛による「流動性のある競争社会でサバイブすることが勝ち［……］という価値観に基づいて［……］勝った人には勝間本が、負けた人にとっては香山本がサプリメントになっている」というコメントが引用されている。[*5]

話題になれば叩かれるのは世の常であるが、勝間をめぐる論争は、格差社会の中で生き方に悩む現代日本人の問題解決策の模索を図らずも示している。勝間・香山論争を受け、勝間は2009年12月に『やればできる』（勝間 2009b）という本も出版した。

4　少子高齢化・格差社会の中で：そしてその後

不況が続く中、弱い自己を癒すメッセージは一定の共感を勝ち取ってきた。しかし勝間は、景気の悪い時代に景気の良い話をする数少ない論客として注目を集めた。ジャーナリスト日垣隆が「結婚後や出産後もデキる戦士でい続けようとする女性たちの範となるようなビジネス書は、これまで存在しませんでした」と述べたように（日垣 2009: 90）、女性の社会進出を背景とした女流自己啓発作家は、登場するべくして登場した感があった。

生き方を説く自己啓発書から社会的提言の本まで出し、ビジネス誌と女性誌の両方に時の人として登場し、そして朝日新聞から産経新聞にまで連載をもっ

＊5　『AERA』2009年10月12日号。

ていた。個々の主張に強烈なオリジナリティがあるというわけではないが、総体としての勝間を凌駕するビジネス作家は、他にはなかなかいないだろう。

裁判員制度「反対」大合唱のように、何かにつけて「やらない理由」を探す傾向が強い現代日本でありながら、勝間は前向きな行動を起こすことを説いている。勝間は「年越し派遣村」(2008年)村長・湯浅誠らと同様、1970年前後に生まれた第2次ベビーブーマーでもある。

歴史が示しているのは、自己啓発書的な成功哲学で成功する最良の方法は、成功哲学自体を本にして売ることだったのかもしれない。しかし勝間は、自己啓発と社会変革は両立するのかという、難しい問題にチャレンジしていたとも言える。「そのうち政界進出などもありうる」のかとも言われていたほどであった(斎藤 2009: 202)。

勝間は、「ノマドワーカー」安藤美冬、ブロガー伊藤春香(はぁちゅう)など、ライフスタイルそのものを売りとする現代女性文化人・インフルエンサーの先駆けとなったとも言えよう。SNSの活用、オンラインサロンで自著の読者と交流することなども、こういった文化人に共通する特徴である。

2010年代後半以降の勝間は、メディア戦略に関しては変わっていった面もあった。テレビ出演は抑制し、むしろ自身のYouTubeチャンネルで毎日のように、日々の仕事・生活改善のための動画をアップロードするようになった(2022年現在)。[*6]

また、勝間は2回、男性と結婚・離婚経験があり、出産も経験しているが、2018年には、LGBT啓発の活動もしている増原裕子(1977年生まれ女性)との同性パートナー生活もカミングアウトしている(2019年にふたりは「破局」も発表した)。経済的自己実現を成し遂げた勝間にとって、親密性の再構築こそは、その次のステップであったのかもしれない。[*7]

＊6　勝間は2022年に、自身の著作の売上が、最盛期の2009年と比べると5分の1程度になったと述べており、その最大の理由は、若い層において紙の書籍を読む習慣が激減しているからだと分析している。「収入は環境が9割」:勝間和代が徹底的にマニアックな話をするYouTube https://www.youtube.com/watch?v=RVXgc0SIVMc　2022年5月28日アクセス。

＊7　この点は、東畑開人氏とのインフォーマルな会話にヒントを得た。

メディアの中の自己啓発情報は、セラピー文化のひとつの典型であり、勝間のようなある種のカリスマをもったパーソナリティによって牽引されてゆく構造がある。そうした情報の中でも、よりスピリチュアルに傾倒したものが前章で見た、江原啓之らテレビ霊能者などの言説であった。ポピュラー文化の中のセラピー的言説（本書「はじめに」で示したレベル2）は、自己実現の理想とともに、1970年代からゼロ年代にかけて、消費社会の中で台頭した。

では、グローバル化する世界の中では、自己啓発、セラピー、スピリチュアリティは、どのような位置を占め、現代人にとってどれほどの浸透力があるものなのか。そうした問題を次章以降でさらに検討したい。

第III部

グローバル化とセラピー文化

When Psychotherapy Becomes a Religion

セルフ・スピリチュアリティ再考：グローバリゼーションをめぐって

1　はじめに

グローバリゼーションとは、マスメディアで使われる限りにおいては、人、モノ、カネ、情報の流れが、国境の枠をこえて拡大してゆくようすのことである。そのような意味だけならば、以前の「国際化」といった用語とも近いものである。しかし、社会学など、社会科学でグローバリゼーションの語が使われる場合、それは1980年代アメリカのレーガン政権、イギリスのサッチャー政権以降の動向を主に指す言葉であり、特に国際金融市場の形成によって、多国籍企業が国家以上の力をもつようになり、国内外における格差・不平等が拡大していく様子を指している。その場合、グローバリゼーションについては、はっきりと批判的な視線が投げかけられている。

こうしたグローバリゼーションが展開する状況下で、人間の精神、そして宗教がどのように変容を遂げているかといったことは、まだ充分には解明されていない。しかしグローバリゼーション拡大の時代に、世界的に見ても「スピリチュアリティ」という「用語」が一部で台頭してきたのは事実であろう。ヨガ、瞑想など、スピリチュアリティの世界では、しばしば異文化の心身技法が使われるなど、グローバル化した世界の多元主義化した状況の反映とも言える事態が展開している。

ここからの6、7、8章では、グローバル化した社会、ないし新自由主義社会におけるセラピー文化の動向について、スピリチュアリティについても詳細に検討しながら分析したい。従って、本章から以下、終章までは、本書「はじめに」で示したレベル3にあたる議論である。

本章では、その準備作業として、現代的スピリチュアリティとグローバリゼーションとの関係をめぐる先行研究を検討してゆく。まず、現代的スピリチュアリティの具体的な事例をいくつか見たあと、スピリチュアリティとグローバリゼーションをめぐる学問的な論争をレビューし、最後に、こうしたスピリチュアリティの動向と日本社会についても考えてみたい。

2　資本主義下のスピリチュアリティ

現代的なスピリチュアリティに関わる情報・実践は、書籍、テレビ、映画、そしてインターネットなどのマスメディアを通じて拡散している。2000年代以降のスピリチュアルな商品文化の中で無視できないのが、『ザ・シークレット』と、女性作家エリザベス・ギルバートのエッセイで映画化もされた『食べて、祈って、恋をして』である（Gilbert 2006）。

前章までで何度か見たように、『ザ・シークレット』は「オプラ・ウィンフリー・ショー」で取り上げられたことをきっかけに、世界的なベストセラーとなった【内容については1章、オプラについては4章を参照】。自己啓発書における普遍的なメッセージを、あらためてわかりやすいかたちで映像化し、普段はスピリチュアルに関心のない層にまで売ることに成功した珍しい例だとみることができる。

『食べて、祈って、恋をして』は、ニューヨーク在住の30代の女性作家が、自身の離婚をきっかけに自分探しに目覚め、イタリア、インド、バリ島の順で3ヶ月ずつ過ごした記録である。この書籍は、2010年にはジュリア・ロバーツ主演でハリウッド映画化された。題名のとおり、主人公はイタリアではグルメ体験を楽しみ、インドではヨガのグルのアシュラムで瞑想をして過ごし、バリ島では占い師のもとに通いながら、新たな恋をする。現代女性のスピリチュアルな自分探しのありようを、その贅沢さ、気軽さ、エゴイズムに至るまで、結果として見事に描いている作品である。『ザ・シークレット』も『食べて、祈って、恋をして』も、主に現代女性に向けて、スピリチュアルな世界の力を信じさせることによって、自己変革を促進しようとしている。今や人生観や世界観の模索も、資本主義社会の中で商品となっているのである。

このように、今や現代的なスピリチュアリティは、明確にグローバルな広がりをもってマーケティングされているわけであるが、グローバリゼーションとスピリチュアリティとの関係について、現代のアカデミアではどのようにとらえられてきたのであろうか。

3　スピリチュアリティとグローバリゼーションについての論争

カレン・サラモンの「インサイド・アウトからグローバルへ向かう：職場におけるスピリチュアル・グローバリズム」は、スピリチュアリティとグローバリゼーションとの関係について直接的に論じた先駆的研究のひとつである(Salamon 2001)。

サラモンの分析によれば、現代では、ビジネス戦略、スピリチュアルなマネジメント・イデオロギー、グローバル・システムへの信念が融合しつつあり、職場がスピリチュアルに再定義される傾向にあるという。価値、意識変容、そしてスピリチュアリティといった語彙が、ビジネスセミナー、コンサルティングの世界にも入ってきている。そうした動向にインスピレーションを与えたものは、日本の生産システム、東洋宗教、西洋ロマン主義、そして心理学などであるともいう。

他の論者とも共通しているが、サラモンによれば、現代のスピリチュアルなマネジメントイデオロギーの典型例は、スティーブン・R・コヴィーによる自己啓発書『7つの習慣』(Covey 1989)であるという。このようなメソッドは、不安定な時代に、組織のアイデンティティ、メンバーの忠誠心を高める効果があり、公的領域・私的領域を再統合した、ホリスティックな企業文化への志向が見て取れるというのだ。サラモンは次のようにまとめている。

> グローバリズムとは、特権的で、脱領域化された消費文化についてのポストモダンな宇宙観なのである。その文脈では、私と公、スピリチュアルな確信と物質的消費、ツーリズムとミッション、家庭生活と仕事が融合している（Salamon 2001: 167）

そしてサラモンによれば、こうした論理は、ポール・ヒーラスのいう「ニューエイジ・セルフ・スピリチュアリティ」や、自己実現論にも近いものであるという。新時代のマネジメントの考え方もまたひとつの世界観をあらわしており、それは、旧来の公私分離した冷たい職業人のイメージではなく、仕事、プライベートな感情、自己実現のいずれもが調和をなしている状態を理想像としているかのようだ。

神学者のジョン・ドレインは、現代的スピリチュアリティに対してもっとも批判的な論者の一人である。ドレインは、スピリチュアリティについてもグローバリゼーションについても、最も広義にとらえている。スピリチュアリティのグローバリゼーションは、古くはキリスト教の世界宣教に始まるとし、霊性の異文化への移入は、帝国主義的な動機と常に結びついてきたと解釈している。

> 多くの現代的スピリチュアリティは、それがまさに軽蔑しているところの哲学によって駆り立てられているのであり、西洋の帝国主義的野望の片腕となってきている。それは今の時代においては、軍事的手段というよりもマーケティングとマスコミュニケーションによって遂行され、狭義の政治権力というよりも経済によって世界を支配するねらいをもったものだ。（Drane 2007: 1）

商業的なスピリチュアリティへの批判の視座という点では、ドレインのこの解釈はジェレミー・キャレットとリチャード・キングによる研究『スピリチュアリティを売るということ』にも通じるものがある（Carrette and King 2005）。キャレットとキングによれば、昨今のスピリチュアリティの隆盛は、企業文化によって宗教性が乗っ取られてゆく嘆かわしい事態であるという。そして現代的スピリチュアリティは、ネオリベラルな時代にきわめて親和性が高いという。

> 現代社会において、スピリチュアリティの言説は、隠されたあいまいな仕方によってではあるが、ネオリベラリズムのイデオロギーを促進しているのである。実際、ビジネスや職業の世界におけるこの用語の人気は、スピリチュアリティという信念が、企業資本主義における「人間中心の」安全な価値の一種として役立っているということを示している。それは自分らしさ、道徳、そして人間性といったオーラを提供することによって役立っており、[その一方で] ますます有害となってゆくネオリベラル政策の影響を中和しようとしているのだ。(Carrette and King 2005: 134)

彼らによれば、人間性心理学に始まる、セラピー文化の拡大も、現代スピリチュアリティ隆盛の大きな基盤となったという。心理学的なセラピーにおける意識変容、人材開発も、企業文化と広義のスピリチュアリティが交差する場であると解釈しているようだ。彼らは言う。

> 心理学は、市場が宗教性をスピリチュアリティという言葉によって囲い込む道を提供し、宗教がもっていた現状への脅威を政治的に除去してしまった。要するに、心理学(個人主義化)による宗教という領域への乗っ取りは、資本主義(企業主義)によるスピリチュアリティ乗っ取りのための基盤となったのだ。(Carrette and King 2005: 79)

何やら陰謀論的ですらあるが、キャレットとキングの議論をふまえれば、ネオリベラリズム社会の中の個人化、心理学の非政治性、そしてライフスタイルの商業化はすべて、昨今のスピリチュアリティの隆盛と結びついているということになる。それは、不安定な労働状況の中で、企業内におけるつながりを復活させることも志向している。逆に、企業内で実践されるスピリチュアル系の研修は、新たな時代の思想改造なのだといった批判も一部にはある。

しかし「オルターナティブ」には常に市場価値があるということもキャレッ

トとキングは示唆している。近年のリゾートホテルで人気のスパ施設が、どこか想像された東洋世界のスピリチュアルなイメージを演出していることは偶然ではないだろう。スピリチュアルなムーブメントの中には、歴史的には対抗文化に由来するものも一部あったが、現代的スピリチュアリティは、それが本来対抗すべきはずの物質文明を結果として応援する結果となってしまうというのだ。彼らは、東洋宗教への関心も、異文化への新たな帝国主義的搾取であるとさえ述べている。

こうした議論の当然の帰結として、商品化されるスピリチュアリティは、消費への嗜癖を生み出すのみで、社会変革には結びつかず、現状維持を強化してしまうという。こうした論調自体は、新しい宗教現象あるいは自己啓発への批判としては、以前からよくあるものでもある。

さらに、メディア研究のジャニス・ペックも、『オプラの時代』の中で、ネオリベラリズムの時代において、オプラ・ウィンフリーが文化的アイコンになっていった背景を示唆している（Peck 2008）。ペックによれば、「引き寄せの法則」的な論理は、競争の盛んな時代の自己責任の論理と親和性が高いという。つまり、うまく行ったのはその人の気の持ちようのおかげであり、個人の成功や失敗も、社会制度や政府の責任ではないということになるからである。

ポピュラー文化研究のルス・ウィリアムズも、『食べて、祈って、恋をして』が、女性をネオリベラルでスピリチュアルな主体にしてしまう物語であるとして批判的な検証をおこなっている（Williams 2011）。

しかし逆にポール・ヒーラスは、特にホリスティック教育、代替医療などに注目し、現代的スピリチュアリティにも社会的な意義があると主張している（Heelas 2008）。また、ビジネス研修の供給側の当事者による著作も、職場におけるスピリチュアリティを、新時代のオルターナティブとしてきわめて好意的にとらえている（Howard and Welbourn 2004）。

以上、様々な立場の議論を見てきた。スピリチュアリティもグローバリゼーションも共にあいまいな概念であり、その2つを結びつけようとする議論も錯綜している。大まかに言えば、商業的なスピリチュアリティの消費を問題視する立場（言わばポピュラー文化批判）が一方の極にあり、そうではなく、近代文明で失われた個人の霊性をむしろ回復するべきであり、現代的スピリチュアリティにもそのための社会的な意義があるとする立場（言わばロマン主義）が他方の極にある。[*1]

メディアを通じてグローバルにマーケティングされるスピリチュアルな商品は、確かに世界的にはまだ歴史の浅いものであり、批判的見解が増えるのは致し方ないのかもしれない。しかし、一連の批判的論者らは、従来の宗教の社会変革機能を過大評価しているきらいもある。スピリチュアルな商品が、これまでの古今東西の様々な宗教文化的アイテムと比べて常に、格別劣っていると決まったわけではないし、ポピュラー文化の政治的、対抗的可能性についても、むしろ注視していく必要があるだろう。

4 「職場におけるスピリチュアリティ」現象

サラモンの論にもあったように、世紀の変わり目以降の、スピリチュアリティについての議論の中で、宗教研究の枠を越えて多く語られるようになってきたのは「ワークプレイス・スピリチュアリティ」、すなわち職場におけるスピリチュアリティという視点である。

それは、1999年の『ビジネスウィーク』誌の特集「職場における宗教：アメリカ企業社会でのスピリチュアリティの拡大するプレゼンス」にもさかのぼることができる。[*2] そもそもアメリカでは『ジーザスCEO［経営最高責任者］』といった書籍もあり（Jones 1995）、キリスト教信仰を職業生活に活かすといった考え方は長く存在していた。ネオリベラリズムが強化されていく2000年代以降、職場におけるスピリチュアリティは様々な広がりを見せ、ヨガ、瞑想、ビジョンクエスト、スエットロッジ体験、火渡りの儀式、スピリチュアル系のセミナーなどが導入されるようになっていったという。そして、多文化主義のアメリカでは、特定の宗教色を薄めるためにも「スピリチュアリティ」の語が

＊1　セラピー文化にも同様に、近代的制度に非常に親和的で自己責任を前提とするような流れと、対抗文化的なトーンがあり、霊性への志向や近代社会批判の可能性すらもつような流れの2つがある。

＊2　http://www.businessweek.com/1999/99_44/b3653001.htm 2012年9月26日アクセス。

使われている。ビジネスウィークの記事では、次のような解説がある。

> 多くの企業やエグゼクティブたちは「世俗的スピリチュアリティ」だとよく言われている非教派的でハイブリッドなメッセージに注意深くこだわっている［……］それは多元主義的であり、かつ全ての世界宗教にも共通した道徳的メッセージに焦点をあてている。たとえば、自分よりも大きな何かにつながること。全ての実践や物事のつながりをリスペクトすること。そしてゴールデン・ルール［黄金律］を実践することである。しかしそれは同時に、表現の自由を尊重するものでもあり、人に信仰を押しつけることを避けてもいる。[*3]

当然、職場研修にこうしたメソッドが用いられることは新たな人間管理のツールなのではないか、といった批判も以前からおこなわれてきた。スピリチュアリティも宗教も共に、信奉者に世界観の枠組みを提供し、時に人間を解放するが、逆に人間を管理することもある。現代的スピリチュアリティについての批判は、実はそれが過去に宗教がもっていた社会的ダイナミズムの再来であることを物語ってもいる。

ステフ・アウパーズとディック・ホウトマンは「ニューエイジ・セルフ・スピリチュアリティ」の要点を「自己の聖化」と「社会制度への全般的な懐疑心」にあるとした（Aupers and Houtman 2006）。しかしながら、そうしたスピリチュアリティにも社会的な意義があること、そしてスピリチュアリティを習得するのも一定の社会的・共同体的文脈が不可欠であり、孤独で個人主義的なだけの営みでは必ずしもないことを示唆している。彼らもまた、職場におけるスピリチュアリティに注目して議論を進めている。

現在ではニューエイジの語はもう必要ではなく、ビジネス書や、英米の職場で活用されるような霊性は単に「セルフ・スピリチュアリティ」と呼ぶのが相応しいだろう。「自己の聖化」と「社会制度への全般的な懐疑心」だけが焦点

＊3　http://www.businessweek.com/1999/99_44/b3653001.htm 2012年9月26日アクセス。

化されてくると、それは何も宗教に限ったことではなく、まさに現代人の人生観が、じぶん中心の、再帰的なものになってきていることのあらわれであるとの解釈も可能になってしまう。セルフ・スピリチュアリティには、単なるオーセンティシティ（本来の自分らしさ）を越えた面（たとえば超越的な側面）が明確にあるのかどうか、現在の議論でははっきりしていない。

職場におけるスピリチュアリティは、『ザ・シークレット』などの商品とは違い、より社会生活の場面に即した、場合によっては共同体的なものである。それはちょうど、グローバルでネオリベラルな時代において、新たなつながりをもたらそうともしている。そうであるのならば、闇雲に陰謀論的にとらえるのではなく、新たな時代の社会編成原理として、むしろ賢く、適度に活用していくことも求められるだろう。

5　グローバル・スピリチュアリティと日本文化

翻って、日本ではどうであろうか。職場でのスピリチュアリティの議論における、日本の生産システムがそのひとつのルーツであるとの認識は、当の日本ではあまり共有されてはいないが、英米の社会学ではポストフォーディズムとトヨタ方式とが類義語とされる場合もあるように、ポストモダン論と日本文化への注目は相性が良い面もある。つまり、日本は、奇妙な仕方で、ポストモダンな現実を既に生きてきた、といった見方である。

しかし日本人の生活実態から見ると、日本の企業文化は、確かに「ホリスティック」なのかもしれないが、公私混同も強く、むしろ個人にとって抑圧的なものだと表象されてきたものでもある。

日本の企業文化については「カイシャ教」（中牧 1992）、「カルト資本主義」（斎藤 1997）、「家族的経営」などが長年議論されてきた。つまり、職場における人と人とのつながりが、最初から自明視されている日本では、「職場スピリチュアリティ」は、かえって流行する緊急性がないとも考えられる。言い換えれば、企業の社員研修のレベルで「スピリチュアリティ」という語彙を用いたりすることは、日本ではまださほど一般化しそうにない。また日本では、セルフ・スピリチュアリティの背景にある、ネオリベラルで個人主義的な主体というのも、欧米ほどは確立しておらず、政府や大企業などへの信頼が相対的にまだまだ高い社会でもある。

書籍、DVDなどでの商品としてのスピリチュアリティは、日本でも一定程度の人気を博したが、グローバリゼーションの厳しい人間状況を日本人が実感しているかというと、まだ未知数である。日本の職場におけるグローバル・スピリチュアリティの受容は、まだ始まったばかりであり、むしろ外資系ファンドの社員などのほうが、良くも悪くもネオリベラルな論理を内面化しているのではないか。

スピリチュアリティをめぐる諸現象は、グローバル化する世界社会の新たな倫理の萌芽なのだろうか？　全てが経済効率で考えられ、競争的な社会を功利的に生き抜く姿勢は、どのような精神構造、エートスに支えられているのだろうか。カリフォルニアン・イデオロギー ——コンピュータでつながった電脳世界が、新たなユートピアをもたらすという思想—— も当然そのエートスに影響を与えているはずであろう（Barbrook and Cameron 1996）。また「[SNSなどの] ソーシャルネットワーキングが、志を同じくする者たちとの何らかのつながりの感覚をもたらすサイバー・スピリチュアリティのようなものとして経験されうる」のかどうかということも、一考に値する問題だとの指摘がある。[*4]

社会の新たな相互連関の中で、どのようなモラルが立ち現れてくるのかということこそは、社会科学の根本問題である。現代において、そこにグローバリゼーションとスピリチュアリティは、どの程度関わっているのか？　以下の2つの章では、「7つの習慣」現象と「NLP」という2つの事例を通して、具体的に検証してみたい。

＊4　“EDITORIAL.” *International Journal of Children's Spirituality*. Vol. 15, No. 4, November 2010, 291. http://dx.doi.org/10.1080/1364436X.2010.539007 2012年9月26日アクセス。

「習慣」はスピリチュアルなのか？

1　職場スピリチュアリティ？

スピリチュアリティとグローバリゼーションをめぐる先行研究として、前章でも紹介したサラモンによる論文「『インサイド・アウトからグローバルへ向かう』：職場におけるスピリチュアル・グローバリズム」がある。この論文の題名にある「インサイド・アウト」とは、実はスティーヴン・R・コヴィー（1932-2012）による自己啓発書、『7つの習慣』（Covey 1989）におけるキー・フレーズである。サラモンは、職場スピリチュアリティにおいて『7つの習慣』がひとつの典型例であると示唆している。

> 仕事やビジネスマネジメントに対する、スピリチュアル的にヒントを得たアプローチは、1980年代初頭から広く普及してきた。それは部分的には、学術書ではないマネジメント本の人気によるものである。「空港の書店」に置いてあるようなそれらのペーパーバックは、多くの言語で何十万部も出版されている［……］たとえば、ピューリタン的であり、スピリチュアル風味を添えた1989年の本『7つの習慣』は、アメリカのビジネス・コンサルタントであるスティーヴン・コヴィー

> によるものである［……］1990年代を通じて、ビジネスや職場組織における、価値観や意識の問題に触れた、処方箋的なマネジメント・モデルを提供する作家やコンサルタント会社は、宗教的リバイバリズムのレトリックを使う傾向があり、職や職場を再魔術化することを明らかにねらっている。（Salamon 2001: 157）

後述するが、『7つの習慣』は、日本でも200万部を越えるベストセラーとなったと言われている。社会学の牧野智和は、戦後日本の自己啓発言説を分析し、それが「人間の内面の技術対象化」という大きな文化変動のなかにあると論じた（牧野 2012）。牧野も『7つの習慣』は、戦後の自己啓発書の中でもエポックメイキングなものだったと批評している。牧野は言う。「コヴィーの著作は［……］徳性・心がまえについて、その具体的な体得技法を提示したという点で、これ以前の自己啓発書ベストセラーと大きく異なる志向を有している［……］これまでのどの自己啓発書よりも人間の内面が技術的に扱われている」（牧野 2012: 62）。ビジネス書の多くは、わかりやすい人生論を語ったものでもあるが、『7つの習慣』は、それに加えて、理想とする心がまえを体得する技術まで提示しているというのだ。そこに、『7つの習慣』の人気の秘訣もあるのだろうか。

このように、グローバリゼーションが進む社会の中で、ビジネス書に典型的に表されている広義の職場スピリチュアリティ言説は、いっそう広がりつつあるととらえられている。また現代、スピリチュアリティがネオリベラルな現実を支える装置となっているとの見方もある。

それらをふまえて本章では、「『7つの習慣』で見られるような言説が、グローバルでネオリベラルな資本主義社会に親和的な、新しいスピリチュアリティの倫理となっているのか？」ということを問いとしたい。したがって本章は、現代人の生き方、宗教性、そして幸せ追求をめぐるケーススタディでもある。

以下の論証では、サラモンらにならい『7つの習慣』現象を、広義の職場スピリチュアリティの実例と仮定して議論を始める。書籍『7つの習慣』ならびにそれに基づくセミナー／研修や、様々な社会的実践を、その現象の広がりとして意識している。なお、コヴィー自身が同書の中で直接言及するスピリチュアリティについても別途検討する。

本章は、『7つの習慣』関連資料（書籍、セミナーDVD、雑誌、新聞記事、インターネット情報）の内容分析、『7つの習慣』読者、そのセミナーの参加者や、『7つの習慣』勉強会・読書会などに参加している社会人へのインフォーマルなインタビュー、そうした会への参与観察などに基づくものである。調査は主に、2013-2014年にかけて東京周辺でおこなわれた。

2　日本における「7つの習慣」現象

『7つの習慣』は、スティーヴン・R・コヴィーによって、アメリカで1989年に出版された。それ以来、ビジネス書／自己啓発書のベストセラーであり続け、2010年までに38の言語に翻訳され、世界で2000万部以上の発行部数となったと言われた。[*1] コヴィーは世界的に知られた作家・経営コンサルタントであり、モルモン教徒[*2]でもあった。コヴィーの受けた教育については、ユタ大学を卒業後、ハーバード大学でMBAを取得し、ブリガム・ヤング大学で宗教教育の博士号を取得している。自身の博士論文では、アメリカの過去の自己啓発書を広く収集し研究しており、それが『7つの習慣』など、その後のコヴィーの一般向け自己啓発書にも影響を与えていると考えられる。

日本では『7つの習慣』にはいくつかの翻訳版がある。まず1990年には、講談社より、日下公人・土屋京子訳『人生を成功させる7つの秘訣』として出版されている（コーヴィー 1990）。その後、1996年にキングベアー出版より、ジェームス・スキナー／川西茂訳として『7つの習慣：成功には原則があった』としてあらためて刊行された（Covey 1989=1996）。[*3] 2013年には、フランクリン・コヴィー・ジャパンによる「完訳版」が『7つの習慣：人格主義の回復』として、同じくキングベアー出版より出版された（コヴィー 2013）。日本での累計発行部数は、2022年の情報によると、240万部以上と言われている。[*4]

＊1　『週刊ダイヤモンド』2010年9月4日号、28ページ。

＊2　モルモン教の正式名称は「末日聖徒イエス・キリスト教会」である。

＊3　このスキナー／川西訳版が執筆時点では最も出回っていたものであるため、以下、邦訳を参照する際はこの版を採用する（そうでない場合は別途出典を示した）。

＊4　https://www.franklincovey.co.jp/training/s_7habits/　2022年5月2日アクセス。

また『7つの習慣』の内容を応用したビジネスマン向けのセミナー／研修も、コヴィー本人が興した会社であるフランクリン・コヴィー社などによって広くおこなわれてきている。フランクリン・コヴィー社は、世界に支社をもつ多国籍企業でもあり、日本支社のホームページには次のように書かれている。「米国『フォーチュン』誌が指定する最優良企業上位100社のうち90%、同じく500社のうち75%以上の企業にサービスを提供しており、また、クライアントには多数の政府機関、大手グローバル企業をはじめ、教育機関、中小企業が含まれています」[*5]。『7つの習慣　企業実践編』という日本国内向けの書籍では、7つの習慣研修を導入した企業として、国分、三井住友銀行、イオンイーハート、ジェイ・エム・エス、メットライフアリコ、カーブスジャパンの6社が、担当者の証言とともに紹介されている（フランクリン・コヴィー・ジャパン編著 2011b）。2010年頃のデータによると、日本全体ではこれまでに、約3500社、20万人以上のビジネスマンが「7つの習慣」研修を受けたという[*6]。フランクリン・コヴィー・ジャパン取締役副社長・竹村富士徳は「研修という観点から見ても、世界に存在するトレーニング・プログラムの中で、受講者の多さからも『7つの習慣』に肩を並べるものは、まったくありません」と述べている[*7]。マネジメント論のジョン・G・カレンによれば「コヴィーは、個人の人生に何が起こるかをコントロールする能力が揺らぐようなペースで変化が起こっている世界において、安定性をもたらす手段を提供している」のだという（Cullen 2009: 1234より一部意訳）。

コヴィーは「7つの習慣」が、普遍的な原則であると考えているようで、7つの習慣を応用した書籍も多数出版されている。そのバリエーションには、家族向けのもの（Covey 1997）、子ども向けのもの（Covey 2009）、ティーン向けのもの（Covey, Sean 1998）[*8]、日本の就職活動に向けたもの（フランクリン・コヴィー・ジャパン編 2006）などがある。さらには、7つの習慣を信奉する一般人が、そ

＊5　http://www.franklincovey.co.jp/company/outline.html　2014年6月2日アクセス。

＊6　『週刊ダイヤモンド』2010年9月4日号、39ページ。

＊7　「透析マネジメント」http://www.tosekimanagement.com/tabletalk/20130700/no1.htm　2014年6月2日アクセス。

＊8　なお、この著者のショーン・コヴィーはスティーヴン・R・コヴィーの息子である。

の適用を述べた書籍もあり、その内容は、小学校の学級運営（渡邉 2005）、大学受験（江藤 2013）、さらには糖尿病克服についてのもの（フランクリン・コヴィー・ジャパン編著・山田監修 2011a）さえある。また、2011年以降はマンガ版も複数出版されている（コヴィー監修 2011；フランクリン・コヴィー・ジャパン監修・小山作画 2013）。

単なる企業研修を越えて「7つの習慣」を活用しようとする動きも見られる。2010年の『週刊ダイヤモンド』特集によれば、「7つの習慣」メソッドを導入している中学校・高等学校として、修徳学園、関西大学北陽高校など、日本全国の29の学校の名前が挙げられている[*9]。また全国に、小・中・高校生向けの950の教室をもつ塾のフランチャイズ、ITTO個別指導学院は、7つの習慣を元にしたプログラムをカリキュラムに取り入れているという[*10]。さらに2012年前後より、facebookなどで知り合った社会人たちが、出勤前にターミナル駅付近のカフェなどで集い、学習・語らいなどをおこなう「朝活」がブームとなったが、一部の朝活グループでは『7つの習慣』を教材として用いてきた。また、2013年9月21日には、衛星放送BS TBSにおいて『7つの習慣』を講義する形式のテレビ番組も放映された。

なお『7つの習慣』とともにマーケティングされている商品として「フランクリン・プランナー」というビジネス手帳がある。これは、7つの習慣に沿ったかたちで、自己の短期・中期・長期の目標や、ミッション・ステートメント（後述）などを書きとめて、日々のスケジューリングに活用できるというふれこみの手帳である。なお「フランクリン・コヴィー」という社名の由来は、フランクリン・プランナーを扱っていたフランクリン・クエスト社を、1997年に、コヴィーの会社コヴィー・リーダーシップ・センター（当時）が買収したことによるものである。そもそものフランクリン・プランナーは、ベンジャミン・フランクリン（1705-1790）が日々の徳目をメモしていたことにもヒントを得ているようだ。アメリカのショッピング・モールや空港の一部では一時期、フランクリン・コヴィー社による手帳・グッズ販売専門のショップを見かけること

＊9　『週刊ダイヤモンド』2010年9月4日号。
＊10　http://www.itto7j.jp/　2014年6月2日アクセス。

ができた。日本では、フランクリン・コヴィー・ジャパンが、フランクリン・プランナーを通信販売などしている。

以上、『7つの習慣』現象は、グローバルな文脈にまで広がり、企業研修のひとつの「聖典」として、かなりの程度、受け入れられていると言えそうである。

3　自己啓発言説の分析

(1) 7つの習慣の実際

では、7つの習慣とは、実際にはどのような内容で構成された「原則」なのであろうか。英語原題において「高度に効果的な人々が用いる7つの習慣」とあるように、それは、仕事や日常生活、ひいては人生に「効果性」をもたらす7つの原則を示しているという。ジョン・G・カレンによれば「7つの習慣は、読者の自己認識の変容をもたらそうとし、新しい『効果性の高い』自己認識を得ることを提唱している」という（Cullen 2009: 1233)。その内容を順に見てゆこう。[*11]

コヴィーによれば、過去200年のアメリカの「成功に関する文献」をレビューしてみると、最初の150年間は、謙虚、誠実、正義、勤勉などの「人格主義」(Character Ethic）に基づいているが、最近の50年間は、個性、イメージ、スキル、テクニックなどの「個性主義」(Personality Ethic）に基づいているという。そして、今こそむしろ「人格主義」を復権すべきであると説いている。具体的な7つの習慣は次のとおりである。

【第1の習慣】主体性を発揮する（Be Proactive）

第1の習慣では、刺激と反応の図式が提示され、刺激に対して、どう反応す

＊11　以下の内容分析は主に、『7つの習慣』原著ならびに日本語訳（Covey 1989=1996)、スティーブン・R・コヴィー『ザ・ラスト・メッセージ』（コヴィー 2012)、iPhone/iPad版アプリ「7つの習慣実践法：習慣を変えればうまくいく」（フランクリン・コヴィー・ジャパン、2013)、セミナーDVD『わかりやすい7つの習慣　エッセンシャル・セミナー』（フランクリン・コヴィー・ジャパン、2013）などに基づいている。

るのかを選択するのもまた自分次第であるのだと強調される。人生をどう見るかは自分にかかっているのであるから、「原則」に基づいて「パラダイム転換」を起こし、「まずは自分から」行動を起こすこと（インサイド・アウト）が求められる。また、単に関心があること ──「関心の輪」── に注目するのではなく、自分によって変化を起こせる領域の事柄 ──「影響の輪」── に注目することも併せて推奨されている。

【第2の習慣】目的を持って始める（Begin with the End in Mind）

何事も目的を持って始めるべきであると説かれ、個人であれ組織であれ、自らの目標をミッションのかたちで明文化した「ミッション・ステートメント」を作成することが求められる。そのことを通じて、個人は、組織や社会に対し独自の貢献を目指すことができると考えられている。

【第3の習慣】重要事項を優先する（Put First Things First）

仕事上のタスクを分類し「重要だが緊急性の低い事柄」に注目し、むしろそこに継続して時間をかけるべきであると説く。「緊急性は高いが重要でない事柄」にばかり追われていると、長期的な目的を達成しづらくなるとの教訓がそこにはあるらしい。

この第1から第3の習慣までが「私的成功」をめぐる原則であるという。[*12] 第4から第6の習慣は、チームにおける相互依存を通じた「公的成功」をめぐる原則、という位置づけとなっている。

【第4の習慣】Win-Winを考える（Think Win-Win）

自分が勝って相手が負けるWin-Loseな関係ではなく、ともに勝つWin-Winの関係こそ、人生やビジネスで求めるべき価値観であるという。それは、何かが足りないことに注目する「欠乏マインド」ではなく、相互繁栄を求める「豊かさマインド」で生きるということでもある。相手のWinも考えるということ

＊12　第1～第3の習慣に付随して、他者に親切にするなどの「人間関係の信頼残高」を高めておくことも併せて推奨されることがある。

は、勇気と思いやりのある行為であるとされる。*13

【第5の習慣】理解してから理解される（Seek First to Understand, then to be Understood）

組織や対人関係において、まず相手の言うことを傾聴し、然るのちに自分の言うことを理解してもらうのが理想であるという。7つの習慣セミナーでも、傾聴のロールプレイなどがよくおこなわれているようだ。また、ネイティブ・アメリカンに由来するとされる一本の「トーキング・スティック」を用いて、それをもっている個人だけが順に話してゆく、という形式の対話の実習がおこなわれることもある。他者からのフィードバックを受け、自己や組織の問題点を理解するということが、この習慣においては目指されている。

【第6の習慣】相乗効果を発揮する（Synergize）

自己と他者との相違点を尊び、対話を通じて、1案でも2案でもない「第3案」を考案することが理想とされる。それは、企業内の議論においても、企業間の紛争などにおいても望まれる姿勢であるようだ。

【第7の習慣】刃を研ぐ（Sharpen the Saw）

ここまでの6つの習慣を維持・強化していくためにも、一人一人の個人は、①肉体的、②社会的、③知性的、そして④スピリチュアル的という4つの側面において、自己を向上させるような実践を日頃からおこなうべきであるとされる。たとえば、肉体的には運動、社会的には社交、知性的には読書などである。

なお、日本では、すべての翻訳版ならびに「7つの習慣」セミナーにおいても、この4番目の「spiritualな」側面というのが「精神的」と訳されているのは注目に値する。コヴィー自身の記述によれば、聖書を読む、自然に触れる、文学・音楽に親しむ、そしてボランティアに参加するといったことも、スピリチュアルな側面で「刃を研ぐ」ことであるという（Covey 1989：304-306=1996: 439-

---

＊13 近年の解説ではコヴィーは「Win-WinまたはNo Deal」という表現も用いている。ともに勝つだけでなく、場合によっては2者間で取引をすることをそもそも選択しない、という道も肯定しているということになる。

443)。このように考えると「仕事の功利性などには直接関係のない、こころを豊かにするための余暇活動」が、『7つの習慣』の中で直接言及されているところのスピリチュアリティの典型像だと言えそうである。

以上が7つの習慣の概略である。[*14] 新人研修であろうと管理職研修であろうと、この7つの習慣にのっとってトレーニングがおこなわれる。

見たところ、この7つの習慣は、オーソドックスな勤労倫理、セラピー的な自己理解・コミュニケーション、そして調和的人間関係論の融合である。1980年代後半に流行したスタイルの自己啓発セミナーと比べると、短期間での劇的な自己変容を志向するものでもない。デール・カーネギーの『人を動かす』(Carnegie 1936)といったアメリカの自己啓発書の系譜にありながらも、日々の具体的な行動の指針へと分解されているところは確かに新しさだろう。

「7つの習慣」の日本人の読者、セミナー参加者には、アメリカ流の最新のビジネス・トレーニング手法だと認識されることが多いようだ。それは、現実の社会状況に大幅に挑戦することなく、新しい世界的な方法論を学んだ気にさせるという効果をもつ。研修は、場合によっては複数の企業人が同時に参加している、理念的な内容のものであり、たとえば、第1の習慣をめぐって、主体性の発揮を許さない職場でいかにして主体性を発揮するのか？　といった疑問点については、7つの習慣が明確な答えを用意しているわけではない。

『7つの習慣』に触れた人々のあいだにも、賛否両論が存在している。

ザ・リッツ・カールトン・ホテル・カンパニー元日本支社長の高野登は、7つの習慣セミナーを会社で早くから導入していたという。高野は、

> ミッションは重要ですね。リッツのミッションは「ホスピタリティ」(おもてなし)。この強固な価値観が『7つの習慣』を通じて定着し、従業員同士の共有・共感のレベルを超えた「共鳴」の高みにまで昇華した［……］自分のミッション、自分の信念に忠実に生きる。『7つの習慣』

＊14　この全7つの発想の中では、特に「Win-Win」と「タイムマネジメントの考え方」が、『7つの習慣』の枠を越えて広く日本のビジネス界でも用いられてきている。

> は、そんな原則を私に思い出させてくれます。これ以上の本は、ちょっとありませんね

と称賛している。[*15] 前述の『七つの習慣　企業実践編』に登場する、三井住友銀行の人事研修担当者は、7つの習慣研修導入の背景として「特に、働く意味をどう考えるか、会社と自分の価値観、人生について考えてもらいたいと思ったのです［……］彼らが大きなイベントに直面したとき、『主体性を発揮』して、目的を持って始めることができるようになる、と考えました」と述べている（フランクリン・コヴィー・ジャパン編著 2011b: 61）。

一般ユーザーの読後感想でも、『7つの習慣』を「人生のバイブル」だと称賛を惜しまない人がいるかと思えば「当たり前のことを言っているだけなのではないか」という感想も少なくない。[*16] 常識を過度に理論化したものだといった見方[*17]や、「『出世するにはいい会社に入ることが大事、そのためにはいい大学に入らないといけない、だから、いまはせっせと勉強しなさい』というのと同工異曲である」といった意見もある。[*18]

『7つの習慣』の思想もまた、他の自己啓発言説と同様、自己責任や、自己の主体性を強調しており、社会構造などに責任の所在を求めるような見方とは一線を画している。しかし、『7つの習慣』を始終意識して主体的に生きるこ

＊15　『週刊ダイヤモンド』2010年9月4日号、43ページ。

＊16　フランクリン・コヴィー・ジャパン取締役副社長の竹村富士徳でさえ、次のように述べている。「7つの習慣の考え方そのものを否定される方は少ないのですが、きれいごとすぎるとか、当たり前すぎるとおっしゃる方も多いんです」（フランクリン・コヴィー・ジャパン編著・山田監修　2011a: 56）。そうだとすると『7つの習慣』人気というのは、当たり前のことを当たり前に語ってくれる人が今の社会では減少しているということを示しているのかもしれない。

＊17　ブルックス・ホワイトによるAmazon.comにおけるカスタマーレビュー（2001年6月13日）。なおこれは、2014年6月10日のアクセスの時点で、870人中、770人のユーザーが有益であると投票し、全2083件のレビューのうち、2番目に表示されていたものである。

＊18　Amazon.co.jpにおけるカスタマーレビュー（2002年4月23日）。なおこれは、同サイトで比較的早くから掲載されていたもので、2014年6月10日のアクセス時点で、282人中、84人のユーザーが「このレビューが参考になった」と投票しているものである。

とは、容易なことではないとも予測できるだろう。コヴィー自身「自分たちが教えていることを日々実践するのは、私たちにとっては基本の価値観です。とはいえ、完璧にできているわけではありません」と述べているほどである。[*19]前述のジョン・G・カレンは、次のように分析している。「コヴィーイズムはつらい原則でさえある［……］7つの習慣によって効果的な人生を送ることの難しさ（あるいは不可能性）は、その魅力の源泉なのかもしれない。イアナコーニ［アメリカの宗教社会学者］は、ある宗教組織が信者に要求を課せば課すほど、その教会への帰属のレベルはより強まると示唆している」（Cullen 2009: 1248-1249）。

以上、過去30年ほどのあいだで、単一のビジネス書としては最も大きな広がりを得た『7つの習慣』は、当たり前とも言うべきシンプルな原理で構成されており、かつそれほど広範囲に読まれているからこそ、多くの議論を巻き起こすに至っているということがわかった。

(2) スピリチュアリティをめぐって

過去の研究者たちは『7つの習慣』を、職場スピリチュアリティについての最も有名な著作として言及してきた。ジョン・G・カレンも次のように批評している。「コヴィーはまた、スピリチュアリティによって位置づけられた実践を、自己啓発パッケージのメインストリームに導入した最初の［マネジメント・］グルたちの一人でもある」（Cullen 2009: 1236）。

もちろん、広く企業研修でも使われているためか、『7つの習慣』での個々の具体的記述において、明白に宗教的なトーンがあるというわけではない。宗教学のレイク・ランバート3世も、アメリカにおける『ジーザスCEO』（Jones 1995）などの、キリスト教的語彙にあふれるビジネス書に比べると「コヴィーは露骨にスピリチュアルというほどではない（Covey is less explicitly spiritual）」という見方を示している（Lambert III 2009: 94）。

そうなってくると、ここでスピリチュアリティの定義という問題が浮上してくる。前節で見たように、『7つの習慣』における狭い意味でのスピリチュア

＊19　ＦＡＱに答えたもの（コヴィー 2013: 428）。

リティは「第7の習慣・刃を研ぐ」における「こころを豊かにするための余暇活動」という程度の意味であった。しかし、『7つの習慣』全体が、広い意味でのスピリチュアリティに関わる著作であると解釈する者も居る。また、コヴィーがモルモン教徒であったということは、アメリカの報道では必ずといっていいほど言及されることでもある。[*20]

1992年のインタビューでコヴィーは「これらの［7つの習慣の］原則は皆の意識の深いところにある原則であると思いますし、それをスピリチュアルであると定義するのであれば私は［そうだと］同意するでしょう」とも述べている。[*21] コヴィーはまた、しばしば自分のスピーチを「私たちはスピリチュアルな体験をしている人間存在なのではありません。私たちは人間の経験をしているスピリチュアルな存在なのです」という言葉で締めくくってきた。[*22] ダレン・マッケイブも、次のように分析している。「コヴィーの考え方は『人格の完全なクオリティ・マネジメントであり、魂の再エンジニアリング』を提供している［……］コヴィーの著作には、倫理の次元と『スピリチュアルなクオリティ』があり［……］この意味では、コヴィーの著作は、単なる利潤や効率性といった視野を飛び越えているように思われる」（McCabe 2011: 185）。

以上のスピリチュアリティをめぐる状況は、なかなか錯綜しているが、整理するとどうなるであろうか。『7つの習慣』言説の多くは、調和を説く、常識的ともいえる内容である。一部の論者が、その背景に宗教性からのインスピレーションを読み取ってはいるものの、現実のグローバル企業における「7つの習慣」研修の現場では、具体的な語彙としてのスピリチュアリティに触れる機会は、実際には非常にまれであることも明らかになった。『7つの習慣』現象に

＊20　ただし、日本ではモルモン教という言葉にそもそもあまり親しみがないと判断しているのか、複数の関連書籍で、コヴィーが「キリスト教徒」であると紹介されている（コヴィー監修 2011；江藤 2013: 37）。

＊21　Jackson（1999: 363）より再引用。また、モルモン教徒向けに書かれた書籍の中では、すべての物事はスピリチュアルであるとの記述もあり、それに関して、コヴィーは、モルモン教の『教義と聖約』29: 34、「まことに、わたしはあなたがたに言う。わたしにとってはすべてが霊にかかわるものであり」を引用している（Covey 1982）。

＊22　この文言は、イエズス会士ピエール・テイヤール・ド・シャルタンに由来するものだとする見方がある。

おいて、スピリチュアリティへの言及が非常に抑制的であるという事こそ、注目すべき特徴なのである。

4 スピリチュアリティの倫理とグローバル資本主義の精神？

「『7つの習慣』で見られるような言説が、グローバルでネオリベラルな資本主義社会に親和的な、新しいスピリチュアリティの倫理となっているのか？」という本章冒頭の問いに立ち戻りたい。『7つの習慣』を検討する限りにおいては、その対人関係観は、弱肉強食のネオリベラルな資本主義とはかなり異なったものであると言わざるをえないだろう。むしろ企業研修での公式な論理においては、今でもWin-Winの論理が推奨されているわけである。

また、ニューエイジ文化における、21世紀最大のベストセラー『ザ・シークレット』（Byrne 2006）などと比べると、良いことを思えば良いことが起きる、潜在意識が物質世界に影響を与えるといった発想 ――いわゆるマインドパワーの系譜―― はきわめて希薄であり、そのような思考法をむしろ避けているようにさえ思われる（Lambert III 2009: 95-98.）。

現代スピリチュアリティの倫理が、グローバル資本主義に親和的なものとして確固たる規模で存在している、とナイーブに認めるわけにはいかないだろう。実態はより複雑であり、「職場スピリチュアリティ」最大の人気を誇るとされたこの著作を事例とする限り、フォーマットと用語は新しくなりつつも、性善説的とさえ思われる調和的な対人関係観が、変わることなく語られているのである。

中牧弘允によれば、日本の著名な経営者・松下幸之助らがビジネスマンに説く倫理は、日本の新宗教の生命主義的救済観とも連続性がある「ビジネス生命主義」とでも呼ぶべきものだったという（中牧 2003）。島薗進も日本の経営における倫理言説を分析し、それが無宗教を自覚する日本人にとっても、調和的人間関係や、人間と環境との調和といった日本の宗教性＝倫理性を自然に学ぶ機会となっていると述べている（島薗 1992a）。「和合倫理」を知らず知らずのうちに身につける日本人にとって現在、『7つの習慣』は、わかりやすい新たな装いでの、ビジネス倫理の入り口として成立しうるのである。

もちろん、『7つの習慣』において、個人の成功がまず第1～第3の習慣として優先され、それをふまえた上で職場での相互依存が強調されている点や、傾聴などのセラピー的対話が重視されている点は、1970年代以降の時代変化に則したものだとも言えよう。

また『7つの習慣』著者のコヴィーがアメリカの新宗教であるモルモン教に影響を受けていることは決して偶然ではないだろう。新宗教は、近代化の中で生きる人々に、実践的な生活倫理を説いてきた存在であるからだ。

ロドニー・スタークも、モルモン教が特に北米において、主流教会の影響力が弱い都市的な空間で最も布教を成功させてきたことや、倫理面では原罪を必ずしも強調せず、「やればできる」スピリットがあること、大学教育、女性の登用、ビジネスの発展などを早くから重視してきたということを指摘し、近代化に親和的な新宗教としてモルモン教を描いている（Stark 2005）。2012年の共和党大統領候補に、モルモン教徒で資産家のミット・ロムニーが選ばれ、モルモン教徒のアメリカ主流社会への進出を印象づけた。しかし同時に、『7つの習慣』は、モルモン色・宗教色をかなり脱色したものとして提示されているということも忘れてはならないだろう。『7つの習慣』やそのプログラムが「職や職場を再魔術化することを明らかにねらっている」（Salamon 2001: 157）といった様子は、私の調査からは見受けられなかった。

宗教的倫理と近代資本主義との関係は、マックス・ウェーバー以来の宗教社会学のテーマでもある。ポスト近代においては、プロテスタンティズムの勤労倫理は後退したとの説、あるいはむしろ消費社会において快楽主義に基づく行動が見られるといった説、さらには美的感覚の台頭などから、現代社会の再魔術化を唱える説などが、多くの論者によって提唱されている[*23]。しかし多くの労働者が実際に触れる倫理言説 ――ここでは『7つの習慣』関連言説―― を具体的に検討する限り、近代資本主義のあり方を大筋で肯定し、新宗教（ここではモルモン教）に部分的には源泉があるかもしれないが基本的には世俗的な対人関係倫理が、グローバル企業社会の文脈でも依然活用されていることが明らかになった。

＊23　概括的な議論としては渡邊（2009）を参照。

もちろんそこには、個人の生のあり方と社会生活を調和させる機能が、歴史的には宗教にあったということを思い起こさせる面はある。さらに、私と公とが調和的に融合された自己実現というものが、21世紀的な仕方で模索されていること自体を否定するものではない。しかし、具体的な人々の職場コミュニケーションをめぐる言説では、スピリチュアリティを伴う語彙はきわめて希薄であり、むしろセラピー的な語彙がより多く用いられていた。ニューエイジ宗教に見られるようなスピリチュアリティの倫理は、現状のグローバル資本主義に対して、さしたる直接の影響力は確認できない。以上が『7つの習慣』をケーススタディとした本章の到達点である。

相貌を変えた調和的対人関係観、コミュニケーションのセラピー化、そしてスピリチュアリティの相当程度の抑制といった状況こそが、現代のグローバル資本主義の文脈における、理念と行為と精神性の現実的なバランス ──ひいてはメインストリーム（主流）のキャリアにおける現実的な「幸せ」のためのバランス── であると考えられる。今後、モルモン教といった背景をもたない新世代の作者による「ビジネス聖典」が、『7つの習慣』を越えるような規模で生まれるのかどうかということも注目されうるだろう。*24

＊24　『7つの習慣』の他に、生き方にまで及ぶビジネス・コミュニケーションの方法論として近年台頭しているものに、催眠を背景とした「神経言語プログラミング」【本書8章参照】や「コーチング」などがある。

8章

心理宗教テクニックの実相

1　グローバル時代の精神

心理療法的、自己啓発的、あるいはスピリチュアル的なテクニックが、現代のビジネスにおける文脈でますます使われているとの見方がある。たとえば、グーグル社は「サーチ・インサイド・ユアセルフ」というプログラムで、マインドフルネス瞑想などを職場に導入しているという（Tan 2012）。

そうだとすると、日本の職場における旧来の「しがらみ」が衰退しているいっぽうで、それを補うかのように、新たにセラピー的、スピリチュアル的テクニックが台頭している、と解釈する者も居るだろう。そうした動きは時に「職場スピリチュアリティ（Workplace Spirituality）」とも呼ばれることがある（堀江2017）。日本においては「スピリチュアリティ」という語彙自体は現実の職場ではさほど用いられてはいない。しかし就職活動における「自己分析」の浸透などは、自己啓発的なテクニックのメインストリーム化の代表的なものである（牧野 2012）。

グローバリゼーションが席巻する21世紀の先進諸国で、人々はどのような価値観によって生きているのか。そうした時代にふさわしい「宗教」現象とは何なのか。島薗進は『現代救済宗教論』の中で「呪術＝宗教的大衆文化」という語を用いて、ポピュラー文化にまで浸透する大衆的な〈呪術＝宗教〉言説をとらえようとした（島薗 1992）。本章では、島薗の言う呪術＝宗教的大衆文化の現代的事例として「心理宗教テクニック」の台頭を取り上げ、それがどの程度グローバル時代の精神状況を示す現象なのかということを検証したい。

2　心理宗教テクニックとは

デンマーク人の研究者キーステン・マリ・ボビャーグによれば、ランドマークなどの自己啓発セミナーや、ゲシュタルト・セラピーなどが、こんにちの労働者に対し人材開発として導入されてきており、それらは、私領域と公領域を調和させ、自己を高める「心理宗教テクニック（psycho-religious technique）」であるという（Bobvjerg 2011）。心理宗教テクニックという用語は、主に研究者による分析概念であり、当事者がそれを宗教であると認識しているかどうかは、とりあえず問わない概念である。

日本における精神世界（いわゆるスピリチュアル）には、大きく分けて占い的なものへの関心と、健康への関心があると言われるが、第3の関心として、ワークショップやセミナー、ボディワークなどを通した心理療法的な自己変容への関心もある。自己啓発セミナーなどの、正統の心理学の文脈を離れておこなわれている「大規模集団意識トレーニング」（Large Group Awareness Training）は、広義の精神世界の一部であると同時に、心理宗教テクニックの1990年代ごろまでの典型像であったと言える。

そして、ボビャーグがフィールド調査もした心理宗教テクニックの現代的な典型例が、神経言語プログラミング（Neuro-Linguistic Programming: NLP）であるという。

> ＮＬＰは、良き生についての倫理と思考を伝えており［……］［ＮＬＰは］神秘主義的宗教性のなかでも心理宗教的な典型像にあてはまっており、自己の終わりない変容を通して、自己というものを完成させることを目指している。（Bovbjerg 2010: 130）

ボビャーグは、ＮＬＰにおいて表現されているような新しい労働観を、禁欲的倫理に代わる「感受性倫理」と呼び、現代における仕事とスピリチュアリティとの関係について、次のように結論づけている。「仕事とは、プロテスタント時代のような、神の栄光のためにあるものではない。現代の仕事とは、自己の栄光のためのものなのだ」(Bovbjerg 2011: 202)。

仕事、ひいては人生というものを、いかに意味づけ、自分を納得させるか。そうしたメカニズムは、今も昔も存在していると思われる。そして、一部の論者は、そこに心理療法的な論理が深く関わってきていると見ている。

以下では、心理宗教テクニックであるとされるＮＬＰについて、その内容と意味を、主に現代日本における広がり方に則して探ってゆきたい。ＮＬＰのような心理宗教テクニックは、今後のグローバル化した世界においても、有効な世界観を提示しうるのだろうか。そこを問うてみたい。

3　事例としての神経言語プログラミング

ＮＬＰは、1970年代のアメリカ西海岸で生まれた。それは、カリフォルニア大学サンタクルーズ校の言語学者だったジョン・グリンダーと、同校で心理学を学ぶ学生だったリチャード・バンドラーによって研究・考案された、心理療法的発想と技法の総体である。ＮＬＰは、第一義的には、フィリッツ・パールズ、ミルトン・エリクソン、バージニア・サティアといった、当時のカリスマ的セラピストたちのテクニック、所作を分析した上で、それを誰もが使えるように体系化したものだという。名前のとおり、ＮＬＰは、意図・記憶・知覚などをめぐる様々な身体的反応についてもやや独特の発想をもっており、「脳のユーザー・マニュアル」だとの宣伝文句もある。またＮＬＰは、その起源において、催眠から多くの発想を受け継いでおり、自己暗示的なテクニックも多く見受けられる。

「今日、ＮＬＰは、臨床のみならず、教育・ビジネスの領域でも幅広く活用されている」との見解もある（中村 2003: 17)。また、2022年現在、日本の都市の大書店に行けば、複数の「ＮＬＰ本」を見つけることもできる。ＮＬＰ本には、教育、心理、ビジネスといったジャンルのものがあるが「どちらかといえばビジネス書として出版されたもののほうが多く見受けられる」（佐野 2003: 128）。ＮＬＰ的なテクニックを使っている自己啓発作家・講師として最も有名なのはアメリカのアンソニー・ロビンズである[*1]。他にも、ＮＬＰの技術を応用した恋愛テクニックを謳う書籍、ブログなどもある。

ＮＬＰは実のところ、多種の発想や技法を含んでおり、短く要約するのが容易ではない。佐野真紀（社会福祉学）は、次のようにまとめている。「ＮＬＰは人間の主観的体験の構造 ――我々が見たり聞いたり感じたりしたことをいかに組織立て、知覚した外界をどのように整頓しふるいにかけるか―― を扱うコミュニケーションの実践モデルである」（佐野 2003: 127）。

以下に、ＮＬＰの内容の概略を振り返ってみたい。ＮＬＰの主な思想・前提は、次のようなものである。

・経験には構造がある。個人が自分の体験を把握するには一定のパターンがある。そのパターンが変化すれば、経験もまた変化する。
・地図は領土ではない。個人の知覚とは、現実についての主観的な説明にすぎない。私たちは世界を主観的なフィルターを通して見ている。
・心と体はひとつのシステムである。精神と身体との状態のあいだには、相互的な関係がある。
・人々は、完璧な仕方で動いている。人間には特定の結果を得ることに対して能力があるのだと考えるほうが、欠陥があったり機能不全であると考えるよりも有益である。
・人は、目標の達成のために必要なリソースを既に全てもっている。人々は、能力や才能の貯蔵庫であるのだが、通常はそれが充分には活かされていない。
・失敗というものはなく、フィードバックがあるだけである。設定した目標を達成するのに「失敗」したとしても、それは、将来のこころ

＊1　ロビンズ（Robbins 1986）などを参照。ただし彼は、自分のテクニックのことをＮＬＰではなく神経連想コンディショニング（Neuro Associative Conditioning: NAC）と呼んでいる。また、2014年には、ロビンズの初来日セミナーも開かれた。3日間で、受講料は9万8千円から98万円であった。

みを助ける有益な情報だと受け取ったほうが良い。不可能だったり、能力がなかったりする証拠だと考えるよりも。

・もし今やっていることが上手く行かないのならば、別の方法を試すべきである。効果的であるには、人は柔軟かつ適応的でなければならない。（Grant 2001: 233より一部意訳）

「私たちは世界を主観的なフィルターを通して見ている」という点については、1970年代アメリカの心理療法における発想との大きな共通性を見いだすことができるだろう。人間性心理学からヒューマン・ポテンシャル・ムーブメントに至るまで、あなたがあなたの現実を創る、というのが1970年代アメリカ心理療法の発想であるからだ。また目標に向けて手段を変えてでも挑戦し続ける人間観は、アメリカの実用的な精神を思い起こさせる。

カウンセラーの白井幸子も、ＮＬＰの内容は、アメリカの心理療法の別の一派「交流分析」との共通性もあるとして、次のように解釈している。ＮＬＰも交流分析も、そのねらいとは「不快で非生産的な人間関係から脱却し、他人との望ましいコミュニケーションを通して人生の目標を達成することである［……］クライエントを『行き詰まり状態』から『望ましい状態』へ導く、という目標において一致している」（白井 2002: 87）。

ＮＬＰのセミナーの多くでは、まず、人間の知覚において主に視覚（Visual）、聴覚（Auditory）、身体感覚（Kinesthetic）の３つがあるということが語られ、人は多くの場合、その３つのうちのどれかが優位であると説かれる。人の呼吸、眼球の動き、姿勢などはクライエントの無意識のあらわれでもあり、それらを良く観察することは「キャリブレーション」と呼ばれ、効果的なコミュニケーションにおいて必須のものであるとされている。

多くの大規模トレーニングと同様、ＮＬＰのセミナーでも、ＮＬＰの思想に基づいて、講義、ロールプレイ、グループワークなどを繰り返すことでプログラムは構成されている。

現在、日本だけでなく、世界の他の多くの地域でも、ＮＬＰは、3段階方式のセミナーとして開講されている。それは、日本で1990年ごろまでに流行したライフダイナミックス系の３段階方式（旧来の自己啓発セミナー）よりも、長く高額な3段階システムであり、次のような名称である。

1　プラクティショナー・コース　10日間程度
2　マスタープラクティショナー・コース　10日間程度
3　トレーナー・コース　15日間程度

これらのコースには、3名から多くて100名程度の受講者が参加する。世代的には、20代から40代の社会人がほとんどであり、男女比には大きな偏りはないことが多い。受講料は、あるスクールの価格では、①プラクティショナー・コース　35万円、②マスタープラクティショナー・コース　38万円、③トレーナー・コース　60万円　となっていた。[*2]長期間にわたり受講していると、受講生同士のラポール（親密さ）も形成され、受講者はＮＬＰのジャーゴン（用語）で語るようになってゆく。

ＮＬＰのこうしたコースを、自分探しや、コミュニケーション能力向上という目的で受講することももちろん可能であるが、これらのコースは名前のとおり、ＮＬＰの実践者（プラクティショナーやトレーナー）になるためのコースとして構成されており、各コースを修了すると、各団体の名前によって認定証が発行されるという仕組みである。従って、ＮＬＰセミナーは資格取得のための講座というトーンがある。3段階を終え、ＮＬＰトレーナーになると、自分でＮＬＰセミナーを開講することができる。[*3]2017年時点で、日本でも十数社がＮＬＰ関連のセミナーを開講しており、心理系の民間資格として、ある程度の人気はあるものと予測される。[*4]

＊2　スクールＮ社の過去のデータによる。　http://www.nlpbeginrs.com/comparison/ranking.html　2017年11月1日アクセス。なお、同社が2017年現在開講していたものとは異なる。また、プラクティショナー・コースの最初の2日間だけを入門編として受講可能にしているスクールもある。③のトレーナー・コースについては、アメリカでの受講になるスクールも多い。

＊3　第1段階を終了しただけの受講者であっても「ＮＬＰプラクティショナー」といった資格をプロフィールに掲げてカウンセリング関連業をスタートさせることはありうる。

＊4　これまでの全ＮＬＰセミナーの日本における正確なのべ受講者数は明らかになっていないが、数千名の過去受講者数を主張しているスクールも存在するため、第1段階を

熱心な受講者は、ＮＬＰ資格取得後、ＮＬＰカウンセラーとしてデビューし、ソーシャル・ネットワーキング・サービス（ＳＮＳ）やブログなどを通じて宣伝することもある。そうした人たちはしばしば「ＮＬＰカタリスト」「自己成長・自己実現のパートナー」「ＮＬＰ心理カウンセラー」[*5]など、独自の呼称を考案し、セルフ・ブランディングしている（自分という存在をひとつのブランドとしてマーケティングする）。それも近年の流行のようだ。

ライフダイナミックス系の自己啓発セミナーでは、そのメソッドに惚れ込んだ受講者が、言わば勝手に自分で会社を興してセミナーを開き、そのことによって一時期、日本社会に自己啓発セミナー業が広がったが、ＮＬＰでは資格認定と独立起業の部分まである程度システム化しているところに特徴がある。

旧来の自己啓発セミナーに代わり、ＮＬＰが2010年代に一定程度の人気を博したのも、日本社会の変動と関わっていると考えられる。終身雇用制や年功序列型賃金体系が少しずつ崩れ、キャリアの不安定性が高まる時代には、起業熱は必然的に高まるだろう。ボビャーグの紹介しているデンマークの事例（労働者が研修としてＮＬＰを受講している）とは違い、現代日本におけるＮＬＰ受講の多くは、個人による参加である。

しかし、現実のもうひとつの側面は、ＮＬＰのような民間資格を取得したとしても、誰もがカウンセラーとして持続的に生計が立てられるわけではないということだ。

ＮＬＰ界の有名人の多くはむしろＮＬＰのスクールを運営しており、かつて受講者だった個人のほうが、ＳＮＳなどで自身をカウンセラーとして宣伝している。しかし、そうした個人カウンセラーの実際の収益などについては明らかになっていない。高額のＮＬＰコースを修了したとしても、もし個々のクライエントへのカウンセリングは実際にはほとんどおこなわれず、かつ、ＮＬＰによってマネタイズする（利潤を上げる）最良の方法が「他の人にＮＬＰを教えること」であるとするなら、それは資格ビジネス的な様相を呈する可能性もある。

修了した者をカウントすれば、少なめに見積もっても、全体で１万人～数万人単位の参加経験者が居ると推測できる。

＊5　https://www.facebook.com/cocolocation/　http://www.office-needs.com/profile.php　https://twitter.com/Lily_goen　2022年11月5日アクセス。

デール・カーネギーからアンソニー・ロビンズに至るまで、自己啓発テクニックで利益を得る最大の方法は、個人でそのテクニックを人生に役立てるということよりもむしろ「そのテクニックを他の人に教育すること」なのかもしれない。

また、ＮＬＰには古くから批判も存在していた。ＮＬＰには理論的根拠が乏しい、各技法にも科学的な検証がなされていないという指摘[*6]は、ＮＬＰの一部の当事者たちのあいだからも為されている（Grimley 2016）。そもそもＮＬＰは実用的な志向が強いので、その効果についてアカデミックな検証をわざわざ求める動機が少ない、との指摘もある（Tosey and Mathison 2009）。

筆者がインタビューしたある実践者（教員）は、教育現場でＮＬＰのロールプレイを活用しては居るものの、ＮＬＰにスーパービジョン（指導者による援助者のための定期的な研鑽）の機会がないということに疑問をもっているとも語った。自己暗示の技術としても発展してきたＮＬＰであるが、創始者バンドラーの著作には、大人のためのおまじないといった内容の技法も多く紹介されている（Bandler 2010）。

以上、ＮＬＰは、アメリカの心理療法の世界と連続性をもちつつも、インターネット時代の現代日本において、効果的なコミュニケーションのための独特のテクニックとして、またひとつの起業スキームとしてもマーケティングされていることが明らかになった。

4　スピリチュアリティと時代背景

英語版ウィキペディアのＮＬＰのページには「疑似宗教としてのＮＬＰ」という節すらあるが[*7]、ＮＬＰ、そして心理宗教テクニック一般は、現代の宗教現象とみなせるのだろうか。また、どの程度スピリチュアルな側面があるのか。

＊6　ただしこれは程度問題であって、精神分析などもその科学的根拠の脆弱さが強く批判されてきた（Sharpley 1987）。多くの一般のカウンセリング理論にも、充分な科学的根拠が必ずしもあるわけではない。

＊7　https://en.wikipedia.org/wiki/Neuro-linguistic_programming　2017年11月2日アクセス。

筆者が対話した日本人のＮＬＰ実践者の多くは、自身の実践について語る時に、スピリチュアリティという語彙を常に必要としているわけではなかった。スピリチュアリティについての意識をさらに問うと、最大公約数的には、スピリチュアリティとは非常に個人的な次元のものであり、何かがスピリチュアルかそうでないかということは、究極にはあまり問題としていないようでもあった。中には、一番広くとらえればスピリチュアリティとは「自分の生き方そのもの」だという意見もあった。

そうしたところから考えると、ＮＬＰという実践については、神や霊といった意味での超自然性に関わる側面はあまりないが「自己の無意識」や「他者とのつながり」を扱うという点で「目に見えないものへの志向」としての、広義のスピリチュアリティはあると言える。

ＮＬＰは、自己啓発、ポップ心理学、スピリチュアリティの境界線上に位置する、独特の現象である。既に見たように、ポップ心理学とは、アカデミック心理学ではない、広く大衆文化に広がる心理（学）系の言説を指している。呪術＝宗教的大衆文化とポップ心理学は、非常に近接し、重なり合った領域を形成している。

ポップ心理学は、非正統的な心理学ゆえに、それがおこなう主張も大胆であり、アカデミック心理学が正面きっては扱えない、人生観の領域にも踏み込んでゆく（小池 2002）。それゆえポップ心理学は特定のオーディエンスには非常に受容される要素をもっている（Devilly 2005）。実際、日本のＮＬＰ講師で心理学の学位をもっている人は少ない。しかし、大学で心理学を学ぶことができなかった社会人も、受講料を払えば、ＮＬＰという民間心理資格を取ることができるのだ。

心理宗教テクニックが台頭しているように見える時代背景とは何だろうか。1970年代以降、日本でも産業社会から消費社会への移行が起こったと言われて久しい。消費社会では、個人の真正さが称揚され、人々のあいだではますます表現主義的な行動が増えてゆく（Gauthier, Martikainen, and Woodhead 2013）。さらに言えば、21世紀にかけて、国家の総体的地位が低下し、マーケットがより台頭する新自由主義の時代を本格的に迎えている。日本では、非正規雇用の増加が、様々な社会不安を引き起こしている。社会はますます効率重視になり、人間同士の結びつきはますます契約的なものになってゆく。

しかし人間にとって、親密さへの欲求と社会的参画への欲求は消えることがない。そしてさらに、前節で見たように、インターネットの登場によって、ほぼ無料に近いコストで、世界に自分をアピールし、それによって各自が自己実現できるかのように思える余地は広がった。

心理宗教テクニックにも特徴的な、内的自己を称揚する倫理は、自己責任の中で繁栄したいとする新自由主義のイデオロギーと親和性が高いとの見方がある（Hornborg 2013）。心理宗教テクニックは、消費社会における自己実現の理想を保ちつつ、先行き不透明な新自由主義の時代における、新たな態度への可能性を示している。つまりＮＬＰのような心理宗教テクニックは、日本においても、結果として消費社会から新自由主義社会への橋渡しをしようとしている存在なのである。自己啓発の論理は、昔から起業家精神と親和性が高いが、心理宗教テクニックは、その「テクニックの伝授」で起業することを、ひとつの理想のゴールとしている傾向がある。

もちろんそうした時代背景は、心理宗教テクニックが、今後も右肩上がりで成長してゆくことを必ずしも保証しているものではない。

ＮＬＰと並べて話題に上がることも多いコーチングについて、イギリスでは、民間のコーチング資格が増殖しすぎているという指摘もある。また、コーチングは効果がなくても、クライエント自身の責任だとされてしまうということ、そして、クライエントの問題が解決しないことは、むしろさらに新たな売り込みにつながるのだという解釈すらある（Hornborg 2013）。こうした点も、新自由主義下の心理宗教テクニックの一側面をあらわしている。なお、セラピー文化全般が実際にどのぐらい新自由主義的なのか、という点については、次章で検討する。

自己啓発的な論理はまた、自己再帰性が高まる後期モダニティの特徴であるとする社会学者の解釈すらある（Giddens 1992）。だが、効果があいまいであること、世俗的な心理療法とスピリチュアリティの境界線上にあること、そしてそのテクニックを自分の生きがいにする参加者も居れば、失望した参加者も居ること――これらすべてが、まさに現代の心理宗教テクニックの特徴でもある。

個々の心理宗教テクニックは、日本社会のメインストリームで普遍的な人気があるというほどではない。ＮＬＰの受容にも一定の時代的な親和性はあるものの、むしろ特定のニッチな顧客に人気がある。[*8] この点で、本章2節で引用したボビヤーグは、心理宗教テクニックを過大評価している。ある功利的なテクニックが真にメインストリーム化するには、スピリチュアリティについては抑制し、誰でも簡易かつ安価に用いることができるレベルにまで落とし込む必要があるのだ。[*9]

ＮＬＰも、本国のアメリカでは、1970年代、80年代ほどの勢いは衰えたとする見方があり（Biswal and Prusty 2011）、むしろ2010年代以降は、アメリカ以外の国での実践や論評のほうが盛んである。現代日本のＮＬＰも、その広がりはおそらく限定的なものにとどまるだろう。

心理療法的技法に社会の中で一定の関心があり続けていることは事実だが、旧来の自己啓発セミナーが現在はほぼ衰退したように、ＮＬＰについても、長い目で見れば、おそらく他の心理療法的技法に取って代わられる可能性が高いと考えられる。ただしそれは、その技法のもつ歴史的意義を必ずしも否定するものではない。

5　心理宗教テクニックの未来

消費社会における心理療法的実践・発想は、自己実現の論理と、公的な人間関係におけるコミュニケーションの論理の台頭を促した（Illouz 2007）。心理宗教テクニックの多くは、非正統の心理学という立場に立っており、また無意識などの目に見えない領域を扱うという意味で相対的にスピリチュアルな面をも

＊8　リクルート社の2013年の調査によれば、日本の管理職で、自費でコーチングを受けたことがある人は、6.2％にすぎないという。また、厚生労働省による2005年の資料では、日本の労働者の中で、自己啓発的学習を「民間教育訓練機関」でおこなった経験がある人は、全体の１割程度であるという。民間教育訓練機関の全てが心理宗教テクニックに関するものではないため、ＮＬＰなどの潜在的顧客も、さほど多くはないことが窺える。
https://www.recruit-ms.co.jp/research/journal/pdf/j201305/m31_research.pdf
http://www.mhlw.go.jp/shingi/2005/01/dl/s0119-8c16.pdf
（いずれも2017年11月１日アクセス）

＊9　自己分析などは、それをかなりの程度達成しているように思われる。

つ。その意味でNLPは、呪術＝宗教的大衆文化の現代的なかたちである。

心理宗教テクニックは、現代の主流社会で普遍的に有効な世界観を提供しているとまでは言えないだろう。確かに現代の仕事はもはや神の栄光のためではなく自己の栄光のためのものかもしれないが、そこに心理宗教テクニックが大きく関わっている様子は見出せない。ＮＬＰの受容は、特定の関心をもった層にある程度限られており、主流社会から相対的に距離があることこそが、ＮＬＰの心理宗教テクニックとしての特徴でもあるのだ。主流社会からの距離感は、ＮＬＰにおけるジャーゴンの存在、料金体系、受講者たちの共同体意識にも影響を与えている。

ＮＬＰは、その世界観においては、1970年代アメリカの白人層がもっていた意識の刻印があり、過渡的な思想だとも捉えられる。現代日本におけるＮＬＰは、心理療法的な自己実現という過去の理念を保持しつつ、グローバル化する社会を生き延びようとするものだ。日本におけるＮＬＰもまた、変動期におけるやや特殊な実践であることが明らかになった。

現在ＳＮＳは、様々な発想の「布教」の場にもなっているが、インターネットはまた「Yahoo! 知恵袋」や「発言小町」などに見られるように、こころの悩みの発露の場として、カウンセリング的機能の一部すら代替するようになってきている。東日本大震災の被災地でカウンセラーが必ずしも歓迎されなかったように、時代は、心理宗教テクニックの次に来る何か ―― おそらくより世俗的かつ簡易で、オンラインでもやりとり可能なもの ―― を待望しているようにも思われる。ただし、もうしばらくは心理宗教テクニックを通して、現代人の意識の一端を探ることは有益であろう。

結　論

When Psychotherapy Becomes a Religion

新自由主義とセラピー、そしてスピリチュアリティ

終章である本章では、7章、8章のフィールドをふまえ、本書「はじめに」で示した3番めのレベルという視点、すなわち、新自由主義とセラピー文化との親和性をめぐる議論を検証し、全体のまとめとしたい。

1　新自由主義概念の混乱

おおよそ25年ごとにある種の時代が移り変わってきていると仮定すると、戦後の日本もまた、1945-1969年、1970-1994年、1995-2020年といった区切りで時代変化を考えることができる。この3期を仮に「工業社会」「消費社会」「情報化社会」だと特徴づけることも可能であろう。

そして、1995年以降の、特にいわゆる先進諸国での社会変化を考える時に、よく引き合いに出されるイデオロギーが「新自由主義」、いわゆるネオリベラリズムである。

シンプルに言えば、新自由主義とは「市場の競争を富裕層や大企業に有利な仕組みに変え、国家が福祉予算を削減する」ような傾向を指すとされている（磯 2021: 281）。しかし、しばしば新自由主義は、単なる保守政治的な動向全般を指しているような使われ方もあり、その定義は混沌としている。

キーン・バークは、新自由主義概念の混乱について、次のように述べている。「新自由主義という概念が、企業の権力から見さかいのない個人主義に至るまで、悪いものや同意できないもののほとんどすべてを意味するように批判的に使われている時、それは『反リベラル・スローガン』にすぎず、分析的有用性をほとんどもたないのである」（Grzanka, Mann, and Elliot 2016より再引用）。[*1]

平井秀幸も「新自由主義は、ポスト福祉国家時代を代表する統治的合理性と目される一方で、たとえば左派からは“抑圧の象徴であり侮蔑の対象”として扱われ、右派からは“左派が騒ぎ立てる幻影であり陰謀”とみなされる」と分析している（平井 2014: 126）。

2　アカデミアから見た新自由主義

しかし本章では、ある程度専門的に使われている際の「ネオリベラリズム」の意味も探ってみたい。そうした場合の新自由主義とは、20世紀の初頭にはその萌芽があったものの、主として、ベルリンの壁崩壊以降に台頭した、市場の優越を解く思想・実践・文化の総体である。その特徴として、経済におけるケインズ主義の限界を背景としており、福祉国家体制を見直し、様々な福祉施策もまた、市場競争に任せるのが良いと考える傾向がある。

新自由主義の主な論客としてはフリードリヒ・ハイエクやミルトン・フリードマンらがおり、彼らも参加していたスイスのモンペルランソサイエティ（1947-）も、その思想の発信源であるという。文芸の世界では、アメリカのロシア系女流作家アイン・ランドの作品も、政府の介入を排除する思想の源流として語られることが多い。また、自由な民間の経済活動を促進するということもあり、起業家精神こそは、新自由主義を特徴づける精神であるという。

歴史的にさらに言えば、経済におけるアメリカ・シカゴ学派の影響も受けたチリのピノチェト政権（1974～1990）が新自由主義政策の先陣を切った。いわ

＊1　YouTubeには＜ネオリベラリズムの定義とは、インテリが嫌うもの全てである＞と暗示している冗談動画があるほどだ。“The True Definition Of Neoliberalism” https://www.youtube.com/watch?v=esQgTCOnMyg　2022年11月7日アクセス。

ゆる先進諸国では、イギリスのサッチャー政権（1979～1990）、アメリカのレーガン政権（1981-1989）以降に新自由主義的政策が強まったとされる。坂本清彦は、新自由主義的政策の広がりを、次のように記している。

> これらの改革は、国有企業の廃止、民営化や社会福祉政策の削減、金融規制緩和や貿易自由化など、経済基盤や国民生活に直接影響する政府機能の極度の切り詰めを伴った（坂本 2017: 108）

坂本によれば、さらに時代を下ると、新自由主義は、単なる経済政策を超え、社会の編成原理までもがそれに影響されていくという。

> ロールアウト段階［新自由主義がさらに進んだ段階。引用者注］ではより込み入った複雑な形式の国家介入が出現する。国の直接的規制によるのではなく、市場競争に適合し主体自らが社会的逸脱を回避するよう、自己鍛錬や自己規律に導く教育制度や政策技法、例えば主体自らによる監査、社会監視技術、自己責任での職業訓練などが採用される。また、これらの制度を実際に機能させ、また市場の失敗を補いあるいは覆い隠すため、民間セクター活用や、地域の再活性化のための社会関係資本（ソーシャルキャピタル）の利用・強化、社会福祉サービス提供のため住民参加や市民・非政府・非営利団体との協働、起業家精神をもったソーシャルビジネスやコミュニティビジネスなど公的・民間セクターの協力も奨励される。さらに、権力行使の構造やその適用スケール（地理的範囲）も変化し、中央国家権力からの分権化や国際化、すなわち、管理権限を中央政府から地方政府や地域レベルのNPO・NGO及び国際機関への移譲が起きる。こうした流れの中で、規制緩和の進行と軌を一つにして、企業などが多様な「ステークホルダー」の意向を汲みつつ自らの振舞いを管理する仕組みとしての「ガバナンス」の重要性が強調される（坂本 2017:108）

以上、新自由主義とは、市場原理を称揚し、福祉国家を抑制し、個人の自己責任を強調するような潮流であると言えよう。アカデミアでは総じて、新自由主義は、市場原理主義の悪しき席巻だとして冷ややかにとらえられてきたが、その影響は、どの程度広がっているのだろうか。

3　新自由主義という生き方

そして、あまり明らかにはされていないが、上記坂本の洞察にあるように、新自由主義は、文化、あるいは人々の生き方まで規定するとも言われている。

渋谷望も次のように述べている。「ネオリベラリズムはたんなる経済政策ではなく、新しい主体のあり方――あるいは新しい生き方――を要請している。この主体は自己責任的、能動的であり、自己実現を尊重する、そうした主体である」（渋谷 2011: 456）。

筆者は、特に2000年代以降に、都市で働く若い人たちが、恋愛相手（あるいは交際の候補）などに対して「スペック（が高い／低い）」といった言葉を使い始めたり、外資系の会社員が「自分の市場価値を常に考えるべき」といった表現を使っているのを見聞きし、違和感を当時覚えたが、こうしたメンタリティもまた、新自由主義の産物であるのかもしれない。

工業社会、消費社会の時代の自己啓発本においては、他者に自分を売り込む人物像としての「セールスマン」がしばしば語られていたが、インターネット化が進む新自由主義社会に典型的な人物像とは「起業家（アントレプレナー）」だとする見方がある。たとえ雇われ人であっても、アントレプレナー的なマインドセットで新自由主義の「海」を泳いで行かなければならないというのだ。渋谷は、アントレプレナー概念についても、下記のように分析している。「ネオリベラリズムはアントレプレナーをつくり出しているのではない［……］正確にはネオリベラリズムはアントレプレナーにあこがれる主体、そこに希望を見出す主体を生産しているのだ」（渋谷 2011: 463）。

さらに渋谷は、新自由主義的な、更新し続けるべき個人というものを、次のように描写している。

　　　したがって、労働者自身が利潤を生みだす「機械」として自らに対して現れることになる。彼は「機械」であるがゆえに減価償却するので、自ら追加投資をしメンテナンスをすることが必要となる（渋谷 2011: 457）

以上のように考えてみると、新自由主義的な生き方とは、市場の変化に備え、常に自分で自分を改善・更新してゆくような生き方だと言えそうである。

4　新自由主義とセラピー文化

本書の研究対象である、セラピー文化と新自由主義との関係はいかなるものであろうか。「自己実現」した人間を目指したマズローやロジャーズの人間性心理学は、古くからビジネス界、自己啓発界に多大な影響を与えてきた。「仕事を通じた自己実現」こそは、近代人の新たな理想かもしれない。さらに言えば、仕事や趣味を統合し、喜びの中で自己の可能性を最大限に生きる、そうした理想が、現在の自己実現のイメージと言えるだろうか。そして、高度資本主義の中で生きる現代人は、どのような人生観を形成しているのか。

海外のアカデミアではセラピー文化「批判」が一般的であるが、新自由主義をめぐっても、セラピー文化一般が、新自由主義を促進するものとして、かなり批判の対象となってきている。曰く、セラピーや心理学は、問題を個人のこころの内面のみに見出そうとし、集合的、政治的な問題解決から目を逸らさせる効果しかないのだ、と。

たとえば、ウラル・バサール・ゲズジンは、新自由主義と心理学との関係を論じた多くの研究をレビューして次のようにまとめている。「現体制（the status quo）の守護者としての新自由主義的な心理学（Neoliberal psychology）［……］こうした説によれば、資本主義に代わるものはありえない。資本主義にも問題点はあるが、資本主義が唯一の有効な選択肢であることに変わりはない」（Gezgin 2019: 51）。

日本でも、佐藤克嘉は、セラピーによって管理・選別される自己を想定し、次のような見方を示している。「そこから生み出されるのは、自らの人的資本を高め、自らのリスクを自己管理するようなセルフ・マネージメントの主体であり、そのような主体形成のモデルに適応しえない者は容赦なく社会の外へと排除される」（平井2014: 127より再引用）。

GAFA（Google, Apple, facebook, Amazon）などの大手テック企業において導入されるマインドフルネス瞑想などは「職場スピリチュアリティ」の最前線だとみなされている。そうした動向に最も批判的な宗教学者、キングとキャレットが、企業内心理療法は、資本主義による宗教の乗っ取りであり、新自由主義とも親和性があるとして強く批判しているということは、既に本書6章3節で紹介した。いま一度引用しておこう。「現代社会において、スピリチュアリティの言説は［……］ネオリベラリズムのイデオロギーを促進しているのである」（Carrette and King 2005: 134）。

アメリカ人の研究者、ジェームズ・デニス・ロルッソは論文「リバタリアンの倫理とグローバル資本の論理」の中で、スピリチュアリティの考え方と資本主義との関係について論じている。しかし、そのロルッソでさえ、職場スピリチュアリティ・ムーブメントが、実体のある社会運動体として存在しているのかどうかははっきり言えないとも示唆している（LoRusso 2014）。確かに、大手ＩＴ企業がたまたま社員の福利のために（かつ、宗教性を限りなく脱色して）おこなっている実践を、企業スピリチュアリティの確固たるムーブメントだととらえるのは行き過ぎの感もある。

しかしロルッソはまた、デヴィッド・ハーヴェイを引きながら、新自由主義という概念について、次のような考え方に基づくのだとも述べている。

> 人間の福利［well-being］は、個人の強い所有権や、自由市場・自由貿易に特徴づけられた枠組みの中で、起業家的自由やスキルを解放することによって最も発展させることができる

> ポスト工業社会的スピリチュアリティに参画する人々は、自己についての「起業家的」モデルをとりいれる。そのモデルとは、フレキシブルであり、グローバル市場の予測できない気まぐれに適応できるものと想像されている（LoRosso 2014: 16, 17）

新自由主義に適合的な生き方は確かに存在しているだろう。独身会社員にまで投資熱が盛んになり、恋愛自由市場の中でマッチングアプリが台頭することもまた、親密圏の新自由主義化である。しかし、そのような「新自由主義の精神」を、セラピーが直接、形成・促進していると言えるのだろうか？

5　新自由主義とスピリチュアリティ

坂本も、新自由主義の精神を要約して「主体の自己規律化を促す多様な政策技術を組み合わせ、効率的で合理的な人間の振る舞いの管理を達成せんとする精神性」であるとまとめている（坂本 2017: 106）。福祉や、あるいは国家というものすら後退した時代に、自己を自分で律し、理性的計算によって賢く生き抜いていくような人生観だと言えるだろう。

新自由主義の精神を上記のようなものだと仮定すると、新自由主義と、セラピー文化（心理主義）やスピリチュアリティとは、実のところ、どの程度関連があるのだろうか？　なお、ここでは、セラピーとはカウンセリングを典型とした心理主義的な動向を指し、スピリチュアリティとは、超自然的なものへの個人的な志向性であると暫定的にとらえることとする。

過去の研究・批評からみる、新自由主義とセラピーの共通点としては、次のような事柄が考えられる。新自由主義もセラピーもともに、自助努力で生きることを良しとし、積極的にか暗黙的にか、現在の資本主義を肯定している。また、問題のありかは個人の内面にあると考え、精神についての問題解決すら「外注」できると考えるところも、共通していると言えるだろう。

ここで相違点についても考えてみると、セラピーは競争に負けた弱者にも（理念としては）手を差し伸べようとする志向がありうる。また、セラピー、カウンセリングの供給側の当事者には、左派的な思想の持ち主も当然存在している。そして、新自由主義はマクロな経済の仕組みに主に関心があるが、セラピーは個人のこころのミクロな動きに関心があると言えよう。

これまでのアカデミアにおける、心理主義にからめた新自由主義への批判は、フィールド的、調査的根拠が薄く、推測の域を出ないものも少なくない。また、マズローやロジャーズの人間性心理学が、ビジネス界に影響を与えた、新自由主義的「心理」言説の先駆けであると仮定するならば、それは、1970年代の心理技術で21世紀を泳いでゆこうとするようなところがあるが、そのような理解は実態に則しているのだろうか。新自由主義とセラピー文化との関係を論じる批判的言説は、総じて、時代変化への目配せが不足している。

2010年代以降、自己啓発セミナーでほぼ唯一、多数の参加者を集めているアンソニー・ロビンズのセミナーは、ネットフリックスのドキュメンタリー映画にもなった。[*2] なるほど、ロビンズのセミナーへの熱狂は、資本主義下の「カルト」(崇拝)かもしれないが、本書2章で明らかにしたように、宗教に比肩するほどのセラピー集団になるのは、稀なケースであり、いくつかの条件が重なる必要がある。

ロジャー・フォスターは、セラピーと新自由主義について次のように述べている。セラピー自体が、1960年代における新左翼的、対抗文化的精神の後押しもあってアメリカ社会で広がったものの、時代が下ると、セラピーはむしろ、市場の自由や起業家精神を基調とする新しい保守政治と手を結ぶようにシフトしていったというのだ(Foster 2016)。貴重な示唆ではあるが、こうした変化は何もセラピーに限ったことではなく、政治、時代の変化とともに、多くの社会的制度においても同時進行してきた事柄であり、セラピーも時代の大きな流れの中にあるということ以上の観測にはなっていないだろう。

もちろん、セラピー=カウンセリングは、学校、職場などにおける公式の「こころの科学」になっているという限りにおいて、現状の資本主義体制(ということは新自由主義)と「並走している」という程度の関係にはあるだろう。

スピリチュアリティの諸活動と新自由主義との関連に至っては、親和性があるとのアカデミックな言説は多いものの、実態から考えて、こじつけのようなレベルの議論も少なくない。新自由主義とスピリチュアリティにそれほどの親和性があるのなら、なぜ、多くのスピリチュアリティの当事者(いわゆるニューエイジャー)は経済的に大きな成功を収めていないのか? 心理学がそれほどまでに新自由主義の守護者なのだとしたら、なぜカウンセラーへの金銭的待遇

---

*2 ドキュメンタリー映画「アンソニー・ロビンズ:あなたが運命を変える」(2016、Netflix)。

は良くならないのか？　マインドフルネス瞑想であっても、一部大手企業などにその広がりは局所的に限られており、マインドフルネスの供給側は、むしろその普及に苦心している。親和性があるのなら、もっと広がって然るべきではないのか？　8章でみた「7つの習慣」現象の実態や、9章で見たNLPの内実から考えても、現在のところ、スピリチュアリティを意識した諸活動は、新自由主義の最前線の論理とはそもそも関係が薄い（irrelevantである）と言わざるをえない。

つまり、セラピーやスピリチュアリティが、ナイーブに新自由主義を促進しているというのは、やや単純化しすぎた議論である。それは、新自由主義を促進するというよりも、新自由主義社会に生きる諸個人に寄り添おうとする、局所的、補完的な働きにとどまっていると言えよう。たとえば、個々の自己啓発プログラムや心理療法、あるいはスピリチュアル・ヒーラーなどが、企業、大学、その他の現代的諸制度と比べて、著しく新自由主義を促進している、とまでは決して言えないだろう。

もちろん、コーチングのような、ビジネスパーソンの目標実現に特化したような対話プログラムであれば、企業文化との親和性は相対的には高いと言えるであろうが、コーチングは、アカデミック心理学からは相当の距離があり、精神医療なども含めたセラピー文化全体から見れば周縁の位置にある、とも解釈できよう。

他方、近代以前に民衆を救ってきた伝統宗教もまた、特に先進国では、多くの統計指標をみても、21世紀以降、大きく支持者・実践者を減らしてきている（Inglehart 2020）。抵抗するにせよ促進するにせよ、宗教もまた、新自由主義社会への有効かつ強力なアクターとはなっていないのが現状である。

6　セラピー文化の終えん？

グローバルな市場の論理こそは、インターネット時代の共通の時代精神となった感はあるが、情報化・新自由主義社会において、セラピー文化は、もはや「前時代」の精神という面もある。

19世紀から20世紀にかけて、近代化は容赦なく人間の社会を再編成した。

その文脈において、こころを統御する科学として心理学·心理療法は台頭した。しかし、21世紀に入り、世界は、心理学・心理療法の次に来る何かを求めているのではないか。

1970年代的な消費社会から、21世紀的な意味での情報化・新自由主義社会へと変貌を遂げるにつれて、セラピー文化もまた変容してきた。黎明期のグループ・セラピー的な技法の多くは、1960年代の精神の産物でもあり、21世紀的な立場から見れば、まだまだ「濃い」人間関係がそこには反映していた。自己啓発セミナーはグループ・セラピーの大衆普及版的な代表格であり、個人主義的な時代の新しい、資本主義的な「宗教」現象だと宗教研究からは解釈された。しかし、21世紀の大学生たちに往年の自己啓発セミナーの映像を見せても、もはや「気持ち悪い」といった感想が出てくるばかりである。

5章で検証した勝間和代が、消費社会的な自己啓発を説きつつも、投資時代的なノウハウをも語っていたのは、示唆的である。消費社会から新自由主義社会への移行期という、過渡期における勝間のポジションを図らずも示している。

教育におけるアクティブラーニングの隆盛などは、セラピー文化の後継と言えなくもないが、個と個のぶつかり合いといった側面は大きく後退し、わかりやすく穏当な教育技法として定着している。オープンダイアローグやリフレクティング、さらには認知行動療法なども現代的なセラピー技法だが、それらもまた、簡便であり、かつ集中性を減じた、言わばより「世俗的な」ものとなっており、良くも悪くも、以前ほどには人生観を深く揺さぶるようなものにはなっていない。

インターネットではセルフ・ブランディングが盛んだが、文化全般が自己愛的になった現在、セラピーは、自己の感情を称揚する独占的な技術ではなくなったとも言える。戯曲『欲望という名の電車』における「見知らぬ人の親切さ」という発想は、セラピーを解釈するキーワードであるとも言われたが（Back 1972）、今やマッチングアプリによる出逢いが「見知らぬ人々との親密性」を追求する現場となっている。

社会学的に見れば、セラピー文化は、個人と社会との新しいバランスを模索する営みでもあった。カウンセリングやセラピーを受ける個人は、社会に無事に着地できるかどうかを探っていたのかもしれない。もちろんこのことについて、カウンセリングやセラピーが常に完璧であったというわけではもちろんないだろう。しかしそれは、20世紀に始まり、特に消費社会の台頭と並行して隆盛したこころの実践、あるいは実験であった。現代ならば、インスタグラムのユーザーは、自己表現と他者からの「いいね」の数とのあいだを勘案して、社会における自己のポジションを確立しようとするのかもしれない。

現代日本においてセラピー文化は、ワークショップや就活の自己分析といった仕方で、特段「セラピー」といった形容句を必要としないほどに社会に薄く浸透した面もある（小池 2022）。現代人が、セラピー的言説・実践を受け入れるとしても、こうしたゆるやかで簡易な関わりこそが、現代的な個人にとっては現実的なバランスなのである。

相対的にスピリチュアルなセラピーであるところのNLPもまた、現在の新自由主義社会において、充分に有効かつ主流となるような世界観を提供しているわけではないということを8章でも示した。多くの現代人は今やツーリズムや趣味世界（推し活など）に癒しを求めているようにも見え、その意味でも、セラピー文化の目立った台頭はもはや一段落した段階にあるのではないか。

以上をふまえた上で、本書冒頭「はじめに」で述べたセラピー文化をめぐる3つのレベルの解読にここで立ち戻ろう。

第1のレベルは、セラピー集団の凝集性の深化とも言うべきレベルであった。ライフスペース事件に見られるように、カリスマ的教祖のもとでの、コミューン的なセラピー集団は、最も先鋭的に宗教化する可能性を秘めている。それはマスメディア的に言えば、カルト化する危険性でもある。こうした集団変容は、ネクセウム事件のように、2010年代のアメリカにおいても起こったが、数としては非常に少なくなってきている。

第2のレベルは、より広い社会、具体的には公共圏やポピュラー文化におけるセラピー的言説の広がりである。自己実現概念は、1960年代アメリカのセラピー文化に由来するが、インターネットやスマートフォンの拡大は、この動向を強力に後押しした。そして、もはや個々のセラピー技法は必要ないほどに、文化全般が、自己愛的かつ自己実現志向的になってきている。自己実現だけでなく、トラウマをともなう被害クレイムもまた、社会で一定の広がりを見せた。

第3のレベルは、第Ⅲ部ならびに本章で論じた、新自由主義とセラピー、そしてスピリチュアリティをめぐるやや複雑な関係である。セラピーやスピリチュアリティは、新自由主義に親和的だとする先行研究が多かった。しかし実際には、セラピーやスピリチュアリティは、情報化社会に充分には対応できておらず、新自由主義を直接、促進するようなものにはなっていない。

まとめれば、近代社会において生まれたセラピー文化は、カルト化への潜在的危険性を秘めていたが、消費社会の到来によって大部分は世俗的な自己実現言説として台頭し、さらに現代の新自由主義社会においては、その役割が相対的に後退しつつある、ということだ。今後の趨勢としては、セラピー文化におけるスピリチュアリティの相対的な希薄化と、セラピー手法の簡易化という傾向が見てとれる。以上が、本書の議論の到達点である。

なお「心理学は現代の宗教か？」という問いに対しては、次のように考えている。近代に成立した世俗の学としての心理学を宗教とみなすのはやはりやや雑な議論であろう。セラピーは、確かに宗教の機能の一部を代替することはあるが、セラピー文化全体で見れば、特段、霊的な世界を前提としない手法のほうが多い。また、カウンセリングやセラピーの実践者も多くは、自分たちの実践を宗教だとはみなされたくないであろうし、そのような「当事者性」も軽視すべきではない。心理療法が宗教になるときの典型例としては、上記の第1のレベルのような事態を中心に考えるべきであろう。

セラピー文化のテクニックが社会を動かす最前線はむしろ、性格プロファイルに関する心理学の技術を応用し、ＳＮＳへのターゲット広告を通じて、一定の方向へ投票行動などを促すといった事態であろう（橘 2021）。ケンブリッジ・アナリティカ社に端を発するＳＮＳマーケティングが、トランプ大統領誕生（2017）、イギリスのEU離脱（2020）を促進したという見方もある。IT技術による高度管理社会において用いられる性格判断のみが、21世紀的な意味でのセラピー文化の最前線だとすると、やや暗いビジョンではある。

しかしこの現状は、豊かさの拡大と、セラピー的態度のメインストリーム化の結果でもあるだろう。

セラピー的態度は、今や相当程度、社会に拡散した。公共圏においても「ワールドカフェ」「対話の会議」など、言わばセラピーのもつ潜在的危険性を脱色した穏当な「グループ対話」が用いられている。テレビメディアでは今後も当事者の感情が注目されるだろうし、書籍メディアにおける自己啓発書の人気もしばらくは続きそうである。

簡易化したセラピー技法は今後も生き残りつつも、市場の論理に侵食されながら、そしてインターネットのアーキテクチャに規定されながら、現代人の精神は不断に更新されてゆくのである。

参照文献

＊原則として、筆頭著者名字のアルファベット順に並べ、筆頭筆者については名字を先に記載した。和名以外の著者でも、日本版オリジナル書籍などの場合、刊行時のカタカナ表記で記したものもある。

＊URL、新聞記事、記者以外の署名のない（外部作者のものでない）一般雑誌記事、DVD／映画などの資料は、本文脚注にて示した。

赤坂真理　2001「『障害』と『壮絶人生』ばかりがなぜ読まれるのか」『中央公論』6月号，中央公論新社，96-117.

Aupers, Stef, and Dick Houtman. 2006. "Beyond the Spiritual Supermarket: The Social and Public Significance of New Age Spirituality." *Journal of Contemporary Religion* 21 (2): 201-222.

東　大作　2006『犯罪被害者の声が聞こえますか』講談社。

Back, Kurt W. 1972. *Beyond Words: The Story of Sensitivity Training and the Encounter Movement.* Russell Sage Foundation.

Bainbridge, William Sims. 1997. *The Sociology of Religious Movements*. Routledge.

Bandler, Richard. 2010. *Get the Life You Want: The Secrets to Quick & Lasting Life Change*. HarperElement. =2011　白石由利奈監訳・角野美紀訳『望む人生を手に入れよう』エル書房。

Barbrook, Richard, and Andy Cameron. 1996. "The Californian Ideology." *Science as Culture* 6 (1): 44–72. =1998「カリフォルニアン・イデオロギー」『10＋1』13号, INAX出版, 153-166.

Bass, Ellen, and Laura Davis. 1988. *The Courage to Heal : A Guide for Women Survivors of Child Sexual Abuse*. Harper and Row. =1997　原美奈子・二見れい子訳『生きる勇気と癒す力』三一書房。

Best, Joel. 1999. *Random Violence : How We Talk About New Crimes and New Victims*. University of California Press.

Biswal, Ramakrishna, and Babita Prusty. 2011. "Trends in Neuro-Lingustic Programming (NLP): A Critical Review." *Social Science International* 27 (1): 41-56.

Bobvjerg, Kirsten Marie. 2010. “Ethics of Sensitivity: Towards a New Work Ethic.” In *Religions of Modernity: Relocating the Sacred to the Self and the Digital*, edited by Stef Aupers and Dick Houtman, 115-133. Brill.

Bobvjerg, Kirsten Marie. 2011. “Personal Development under Market Conditions: NLP and the Emergence of an Ethics of Sensitivity Based on the Idea of the Hidden Potential of the Individual.” *Journal of Contemporary Religion* 26 (2): 189-205.

Bromley, David G, and Anson D. Shupe. 1981. *Strange Gods: The Great American Cult Scare*. Beacon Press. =1986　稲沢五郎訳『アメリカ「新宗教」事情』ジャプラン出版。

Brown, Juanita, and David Isaacs. 2005. *The World Café: Shaping Our Futures through Conversations that Matter*. Berrett-Koehler Publishers. =2007　香取一昭・川口大輔訳『ワールド・カフェ：カフェ的会話が未来を創る』ヒューマンバリュー。

Byrne, Rhonda. 2006. *The Secret*. Atria Books/Beyond Words. =2007　山川紘矢・亜希子・佐野美代子訳『ザ・シークレット』角川書店。

Carnegie, Dale. 1936. *How to Win Friends and Influence People*. Simon & Shuster. =1937　山口博訳『人を動かす』創元社。

Carrette, Jeremy, and Richard King. 2005. *$elling Spirituality: The Silent Takeover of Religion*. Routledge.

Covey, Sean. 1998. *The Seven Habits of Highly Effective Teens*. Franklin Covey Company. =2013　フランクリン・コヴィー・ジャパン編『7つの習慣ティーンズ』キングベアー出版。

Covey, Stephen R. 1982. *The Divine Center: Why We Need a Life Centered on God and Christ and How We Attain It*. Desert Book.　*Kindle 版を参照した。

Covey, Stephen R. 1989. *The 7 Habits of Highly Effective People: Powerful Lessons in Personal Change*. Simon & Schuster.　*25th Anniversary Edition（2013）を参照した。= 1996　ジェームス・スキナー・川西茂訳『7つの習慣：成功には原則があった』キングベアー出版。

コーヴィー、スティーヴン　1990　日下公人・土屋京子訳『人生を成功させる7つの秘訣』講談社。*Covey 1989 邦訳の初版。

Covey, Stephen R. 1997. *The Seven Habits of Highly Effective Families*. Franklin Covey Company. =2005　フランクリン・コヴィー・ジャパン訳『7つの習慣ファミリー』キングベアー出版。

Covey, Stephen R. 2009. *The Leader in Me: How Schools and Parents around the World are Inspiring Greatness, One Child at a Time*. Free Press. =2009　フランクリン・コヴィー・ジャパン訳『子どもたちに「7つの習慣」を』キングベアー出版。

コヴィー、スティーブン・R監修　2011『まんがと図解でわかる　7つの習慣』宝島社（日本語オリジナル）。

コヴィー、スティーブン・R　2012『ザ・ラスト・メッセージ』キングベアー出版（日本語オリジナル）。

コヴィー、スティーブン・R　2013　フランクリン・コヴィー・ジャパン訳『完訳 7つの習慣：人格主義の回復』キングベアー出版。＊Covey 1989 邦訳の最新版。

Cullen, John G. 2009. "How to Sell Your Soul and Still Get into Heaven: Steven Covey's Epiphany-Inducing Technology of Effective Selfhood." *Human Relations* 62 (8): 1231-1254.

Devilly, Grant J. 2005. "Power Therapies and Possible Threats to the Science of Psychology and Psychiatry." *Australian and New Zealand Journal of Psychiatry* 39: 437-445.

Drane, John. 2007. "The Globalization of Spirituality." A paper delivered at a Meeting of the Religion, Culture & Communication Group of the Tyndale Fellowship in Cambridge.

江原啓之　2007『江原啓之　本音発言』講談社。

江藤真規　2013『「7つの習慣」で東大脳を育てる』学研。

Foster, Roger. 2016. "The Therapeutic Spirit of Neoliberalism." *Political Theory* 44 (1): 82-105.

フランクリン・コヴィー・ジャパン編　2006『7つの習慣で就活に勝つ！：大学生のためのリーダーシップ開発』キングベアー出版。

フランクリン・コヴィー・ジャパン編著・山田信博監修　2011a『「7つの習慣」で糖尿病に克つ』キングベアー出版。

フランクリン・コヴィー・ジャパン編著　2011b『7つの習慣　企業実践編』キングベアー出版。

フランクリン・コヴィー・ジャパン監修・小山鹿梨子作画　2013『まんがでわかる7つの習慣』宝島社。

Gauthier, François, Tuomas Martikainen, and Linda Woodhead. 2013. "Introduction: Religion in Market Society." In *Religion in the Neoliberal Age: Political Economy and Modes of Governance*, edited by Tuomas Martikainen and François Gauthier, Ashgate.　*Kindle 版を参照した。

Gezgin, Ulaș Bașar. "20 Theses on Psychology and Neoliberalism: From Mainstream Psychology to Critical Psychology ." *Eurasian Journal of Anthropology* 10 (2): 46-55.

Giddens, Anthony. 1992. *The Transformation of Intimacy*. Polity Press.=1995　松尾精文・松川昭子訳『親密性の変容』而立書房。

Gilbert, Elizabeth. 2006. *Eat, Pray, Love: One Woman's Search for Everything Across Italy, India and Indonesia*. Penguin. =2009　那波かおり訳『食べて、祈って、恋をして：女性が直面するあらゆること探求の書』武田ランダムハウスジャパン。

GoAhead & Co.　2005『今週、妻が浮気します』中央公論新社。

Grant, Anthony M. 2001. "Grounded in Science Or Based on Hype?: An Analysis of Neuro-

Associative Conditioning™." *Australian Psychologist* 36 (3): 232-238.

Grimley, Bruce N. 2016. "What is NLP? The Development of a Grounded Theory of Neuro-Linguistic Programming (NLP), within an Action Research Journey. Implication for the Use of NLP in Coaching Psychology." *International Coaching Psychology Review* 11 (2): 166-178.

Grzanka, Patrick R, Emily S. Mann, and Sinikka Elliot. 2016. "The Neoliberalism Wars, or Notes on the Persistence of Neoliberalism." *Sexuality Research and Social Policy* 13: 297-307. ＊オンライン雑誌。

Habermas, Jurgen. 1962. *Strukturwandel der Offentlichkeit.* Luchterhand Verlag. =1973　細谷貞雄訳『公共性の構造転換』未来社。

芳賀　学・弓山達也　1994『祈る　ふれあう　感じる：自分探しのオデッセー』IPC。

Harris, Jennifer, and Elwood Watson. 2007. *The Oprah Phenomenon*. The University Press of Kentucky.

Hassan, Steven. 1988. *Combatting Cult Mind Control.* Park Street Press. =1993　浅見定雄訳『マインド・コントロールの恐怖』恒友出版.

Hearst Communications, Inc. 2007. *O's Guide to Life: The Best of O, The Oprah Magazine*. Oxmoor House.

Heelas, Paul. 1992. "The Sacralization of the Self and New Age Capitalism." In *Social Change in Contemporary Britain*, edited by Nicholas Abercrombie and Alan Warde, 139-166. Polity Press.

Heelas, Paul. 2008. *Spiritualities of Life: New Age Romanticism and Consumptive Capitalism*. Blackwell Publishing.

Hill, Napoleon. 1937. *Think and Grow Rich*. Fawcett World Library/Crest. =1994　田中孝献訳『思考は現実化する』きこ書房。

平井秀幸　2014「新自由主義的規律としての認知行動療法：理論刑罰学における規律の位置価」『四天王寺大学紀要』57: 111-136.

堀江宗正　2008「メディアの中のカリスマ：江原啓之とメディア環境」国際宗教研究所編『現代宗教 2008』秋山書店 , 41-64.

堀江宗正　2017「職場スピリチュアリティとは何か：その理論的展開と歴史的意義」『宗教研究』91(2): 229-254.

Hornborg, Anne-Christine. 2013. "Healing or Dealing? Neospiritual Therapies and Coaching as Individual Meaning and Social Discipline in late Modern Swedish Society." In *Religion in Consumer Society: Brands Consumers and Markets*, edited by François Gauthier and Tuomas Martikainen, 189-206. Ashgate.

細木数子　1987『立命のための宗教心の活かし方』祥伝社。

Howard, Sue, and David Welbourn. 2004. *The Spirit at Work Phenomenon*. Azure.

日垣　隆　2009『勝間和代現象を読み解く』大和書房。

Illouz, Eva. 2007. *Cold Intimacies: The Making of Emotional Capitalism*. Polity.

Inglehart, Ronald F. 2020. *Religion's Sudden Decline: What's Causing it, and What Comes Next?* Oxford University Press. =2021　山崎聖子訳『宗教の凋落？：100 か国・40 年間の世界価値観調査から』勁草書房。

井上芳保編　1992『苦悩する自己啓発セミナーの研究』1991 年度科学研究費補助金報告書。

石井研士　2008『テレビと宗教：オウム以後を問い直す』中公新書ラクレ。

磯　直樹　2021「新自由主義的性向と文化資本：社会意識空間の構築」『江戸川大学紀要』31: 281-290.

Jackson, Bradley G. 1999. "The Goose that Laid the Golden Egg?: A Rhetorical Critique of Stephen Covey and the Effectiveness Movement." *Journal of Management Studies* 36 (3): 353-378.

Jones, Laurie Beth. 1995. *Jesus, CEO: Using Ancient Wisdom for Visionary Leadership*. Hyperion.

樫尾直樹編　2001『現代日本社会の宗教性 / 霊性の研究 II：世界救世教②』平成 12 年度文部省科学研究費補助金症例研究 (A)「セクト・カルト現象に見る宗教性の現代的変容」（研究代表者＝樫尾直樹）, 慶應義塾大学文学部社会学専攻樫尾研究会。

勝間和代　2007『お金は銀行に預けるな』光文社新書。

勝間和代　2008a『勝間和代の日本を変えよう：Lifehacking Japan』毎日新聞社。

勝間和代　2008b『起きていることはすべて正しい』ダイヤモンド社。

勝間和代　2009a『断る力』文春新書。

勝間和代　2009b『やればできる』ダイヤモンド社。

香山リカ　2009『しがみつかない生き方「ふつうの幸せ」を手に入れる 10 のルール』幻冬舎新書。

小池　靖　1997「商品としての自己啓発セミナー」河合隼雄・上野千鶴子編『現代日本文化論 8　欲望と消費』岩波書店 , 125-154.

小池　靖　2002「文化としてのアダルトチルドレン・アディクション・共依存」田邉信太郎・島薗進編『つながりの中の癒し：セラピー文化の展開』専修大学出版局 , 103-136.

小池　靖　2007『セラピー文化の社会学：ネットワークビジネス・自己啓発・トラウマ』勁草書房。

小池　靖　2022「セラピー文化論・アメリカ・現代日本：エサレン研究所とロジャーズ」『臨床心理学』増刊第 14 号 , 70-75.

久保博司　1993『人は変われる。：内側から見た自己啓発セミナー』プレジデント社。

Kutchins, Herb, and Stuart A. Kirk. 1997. *Making Us Crazy : DSM The Psychiatric Bible and the Creation of Mental Disorders*. Free Press. =2002　高木俊介・塚本千秋監訳『精神疾患はつくられる：DSM 診断の罠』日本評論社。

Lambert III, Lake. 2009. *Spirituality, Inc*. New York University Press.

ランドネ編集部　2010『別冊ランドネ　全国パワースポット完全ガイド』枻出版。

LoRusso, James Dennis. 2014. "The Libertarian Ethic and the Spirit of Global Capital: Post-Industrial Spirituality of the American Workplace." Ph. D. dissertation, Emory University.

Madsen, Borge. 1997. *Paradis Slaver - Friedrichshof*. Socpol. =1999　中田和子訳『楽園の奴隷』河出書房新社。

牧野智和　2012『自己啓発の時代：「自己」の文化社会学的探求』勁草書房。

Martin, Denise. 2007. "Winfrey and Spirituality." In *The Oprah Phenomenon*, edited by Jennifer Harris and Elwood Watson, 147-164. The University Press of Kentucky.

McCabe, Darren. 2011. "Opening Pandora's Box: The Unintended Consequences of Stephen Covey's Effectiveness Movement." *Management Learning* 42 (2): 183-197.

McGraw, Phillip C. 1999. *Life Strategies: Doing What Works, Doing What Matters*. Hyperion. =2008　勝間和代訳『史上最強の人生戦略マニュアル』きこ書房。

三浦　展　2005『下流社会：新たな階層集団の出現』光文社新書。

溝口　敦　2008『細木数子：魔女の履歴書』講談社＋α文庫。

森田ゆり　2002『癒しのエンパワメント：性虐待からの回復ガイド』築地書館。

村田充八　2007「日本社会における宗教動向とキリスト教伝道の可能性：宗教忌避傾向と『思考の枠組み』から」宗教社会学の会編『宗教を理解すること』創元社 , 3-28.

森　真一　2000『自己コントロールの檻：感情マネジメント社会の現実』講談社。

中牧弘允 1992『むかし大名、いまカイシャ：企業と宗教』淡交社。

中牧弘允　2003「会社宗教における生命主義的救済観：松下幸之助と船井幸雄」『宗教と社会』別冊 , 90-100.

中村芙美子　2003「交流分析とＮＬＰ（神経言語プログラミング）：両者の理論的特徴とその活用（第一報）」『プール学院大学研究紀要』43: 113-126.

中野独人　2004『電車男』新潮社。

中山正和　1988『洞察力』PHP 文庫。

Nolan, James Jr. 1998. *The Therapeutic State: Justifying Government at Century's End*. New York University Press.

小田　実　1961『何でも見てやろう』河出書房新社。

大久保浩正　2002『千葉成田ミイラ事件 その 2-41』ARE 出版。

Peck, Janice. 2008. *The Age of Oprah: Cultural Icon for the Neoliberal Era*. Paradigm Publishers.

Robbins, Anthony. 1986. *Unlimited Power*. Simon & Schuster. =2006　本田健訳『世界 No.1 カリスマコーチが教える　一瞬で自分を変える法』三笠書房。

Roof, Wade Clark. 1993. *A Generation of Seekers: The Spiritual Journeys of the Baby Boom Generation*. Harper San Francisco.

Russell, Diana E. H. 1986. *The Secret Trauma : Incest in the Lives of Girls and Women*. Basic Books.

齋藤純一　2005『公共性』岩波書店。

斎藤貴男　1997『カルト資本主義：オカルトが支配する日本の企業社会』文藝春秋。

斎藤　環　2009「現代人を虜にする『Google 教の伝道師』"勝間和代ブーム"のナゼ？」『VOICE』12 月号 , PHP, 198-215.

坂本清彦　2017「先進的農業経営体と地域農業・社会:新自由主義的ガバメンタリティを視点とした社会学的接近」『農業経済研究』89 (2): 106-118.

櫻井義秀　2006a『「カルト」を問い直す』中公新書ラクレ。

櫻井義秀　2006b「『カルト』を問題化する社会とは：第 1 回 ICSA（国際カルト研究学会）マドリッド大会報告」『宗教と社会』12: 97-109.

櫻井義秀　2007「スピリチュアリティ・ブームの光と陰」『日本脱カルト研究会報』11: 7-21.

Salamon, Karen Lisa Goldschmidt. 2001. " 'Going Global from the Inside Out' : Spiritual Globalism in the Workplace." In *New Age Religion and Globalization*, edited by Mikael Rothstein, 150-172. Aarhus University Press.

佐野真紀　2003「ソーシャルワークの関わり技法にＮＬＰ（神経言語プログラミング）がもたらすもの:ラポールの理解と習得を中心に」山崎美貴子・遠藤興一・北川清一編『社会福祉援助活動のパラダイム：転換期の実践理論』相川書房 , 125-142.

Schaef, Anne Wilson. 1987. *When Society Becomes an Addict*. Harpercollins. =1993　斎藤学訳『嗜癖する社会』誠信書房。

Sharpley, Christopher F. 1987. "Research Findings on Neurolingustic Programming: Nonsupportive Data or an Untestable theory?" *Journal of Counseling Psychology* 34 (1): 103-107.

渋谷　望　2011「アントレプレナーと被災者：ネオリベラリズムの権力と心理学的主体」『社会学評論』61 (4): 455-472.

島薗　進　1992a「現代日本の経済と宗教：経営と勤労に関する宗教＝倫理的教説の役割」『東洋学術研究』131: 41-51.

島薗　進　1992b『現代救済宗教論』青弓社。

島薗　進　1996『精神世界のゆくえ：現代世界と新霊性運動』東京堂出版。

島薗　進　2004「社会の個人化と個人の宗教化：ポストモダン（第二の近代）における再聖化」『社会学評論』54 (4): 431-448.

白井幸子　2002「交流分析とＮＬＰ（神経言語・プログラミング）：両者の理論的特徴と臨床への応用」『テオロギア・ディアコニア』35: 75-90.

Stark, Rodney. 2005. *The Rise of Mormonism*, edited by Reid L. Neilson. Columbia University Press.

Stark, Rodney, and William Sims Bainbridge. 1985. *The Future of Religion: Secularization, Revival and Cult Formation*. University of California Press.

Steinem, Gloria. 1992. *Revolution from Within*. Little Brown & Co. =1994　道下匡子訳『ほんとうの自分を求めて：自尊心と愛の革命』中央公論新社。

杉村太郎　2007『絶対内定 2009：自己分析とキャリアデザインの描き方』ダイヤモンド社。

鈴木大拙　1972『日本的霊性』岩波文庫。

SPGF（シャクティーパットグルファンデーション）1998『PART9　ライフスペースと高橋弘二は，なぜカルトなのか』SPGF 出版。

Sykes, Charles J. 1992. *A Nation of Victims : The Decay of the American Character*. St. Martin's Press.

橘　　玲　2021『スピリチュアルズ「わたし」の謎』幻冬舎。

田口民也編　1992『統一協会からの救出』いのちのことば社。

高原明光　1991『悪い金儲け』データハウス。

高橋弘二　1997『サイババはどのような思い方をするか』SSC 出版。

Tan, Chade-Meng. 2012. *Search Inside Yourself: The Unexpected Path to Achieving Success, Happiness (and World Peace)*. HarperOne. =2016　マインドフルリーダーシップインスティテュート監訳・柴田裕之訳『サーチ・インサイド・ユアセルフ』英治出版。

Tipton, Steven. M. 1982. *Getting Saved from the Sixties: Moral Meaning in Conversion and Cultural Change*. University of California Press.

Tolle, Eckhart. 2001. *Practicing the Power of Now*. New World Library. =2007 飯田史彦訳『超シンプルなさとり方』徳間書店。

Tosey, Paul, and Jane Mathison. 2009. *Neuro-Lingustic Programming: A Critical Appreciation for Managers and Developers*. Palgrave Macmillan.　*Kindle 版を参照した。

Toshl　2014『洗脳：地獄の 12 年からの生還』講談社。*Kindle 版を参照した。

辻村志のぶ　2008「消費社会の『宗教』：スピリチュアルブームの陰で」国際宗教研究所編『現代宗教 2008』秋山書店 , 216-229.

釣部人裕　2002『千葉成田ミイラ事件 Of 併合冤罪に就いて　その１の１』KORU 出版。

上坂　徹　2010『「カタリバ」という授業：社会起業家と学生が生み出す“つながりづくり”の場としくみ』英治出版。

Van der Kolk, Bessel A, Alexander C. McFarlane, and Lars Weisaeth. 1996. *Traumatic Stress : The Effects of Overwhelming Experience on Mind, Body, and Society*. The Guilford Press. =2001　西澤哲監訳『トラウマティック・ストレス：PTSD およびトラウマ反応の臨床と研究のすべて』誠信書房。

Vitz, Paul C. 1977. *Psychology as Religion: The Cult of Self-Worship*. Alban Books Limited.

渡邉尚久　2005『7つの習慣　小学校実践記：ミッションが書けた！　自分が変わった!!』キングベアー出版。

渡邊拓哉　2009「現代文化における陶酔：再魔術化論からのアプローチ」『多元文化』9, 1-12.

Weiss, Brian L.1988. *Many Lives, Many Masters*. Touchstone. =1991　山川紘矢・亜希子訳『前世療法』PHP 研究所。

Whitfield, Charles L. 1987. *Healing the Child Within : Discovery and Recovery for Adult Children of Dysfunctional Families*. Health Communications. =1997　斎藤学監訳『内なる子どもを癒す：アダルトチルドレンの発見と回復』誠信書房。

Williams, Ruth. 2011. "Eat, Pray, Love: Producing the Female Neoliberal Subject." *The Journal of Popular Culture*. doi: 10.1111/j.1540-5931.2011.00870.x

矢口祐人・吉原真理編著　2006『現代アメリカのキーワード』中公新書。

山本譲司　2009『累犯障害者』新潮文庫。

米本和弘　2000『教祖逮捕：「カルト」は人を救うか』宝島社。

Zukav, Gary. 1989. *The Seat of The Soul*. Simon & Schuster. =2003　坂本貢一訳『魂との対話』サンマーク出版。

あ と が き

前回の単行本（博士論文が元になっている）を出したあと、5年に1冊は書籍を上梓したいと思ってはいたものの、気がついたら10年以上の月日が経っていた。

部分的には、その刊行の2年後に私立大学で職を得、日々の教育や、諸々の業務に時間が取られてしまった、ということが背景にあった（エクスキュースにはならないが）。

10年というのは長い年月である。世間の流行も変われば、学問的な潮流も変わる。そして、学者自身の関心、意見、見方もまた変わってゆき、複数の見方がアタマの中で混在するようにすらなっていく。

当初、セラピーというものが、時にスピリチュアルな様相を帯びることについて、ちょうど宗教の萌芽状態のケーススタディのように考えていた面はあった。しかし、フィールドを観察してゆくと、セラピーがスピリチュアルな様相を呈するのは実は少ない事例にとどまり、セラピー的技法が真にメインストリーム化するには、むしろスピリチュアルな面を抑制する必要すらあるのではないか、と考えるようになった。

そして、この本を執筆するにあたり、それなりに「産みの苦しみ」も経験することとなった。それは、端的に言えば、私が、現代宗教研究・宗教社会学研究の前提自体をやや疑うようになってしまったからでもあった。

科学哲学のカール・ポパーは、科学が科学である条件とは、反証可能性が担保されることであると主張した。平たく言えば、反証不可能な前提には立たず、検証のための「追試」ができるような条件をもつことが科学的姿勢のカナメだということになる。「追試」によって、これまでとは違うデータが観測されれば、当初の説は棄却されることになる。

しかし後年、ナイーブな反証主義は実態に即しておらず、どの学問も、実は根源には反証不可能ないくつかの前提の上に成り立っているのではないか、という見方もされるようになった。

それに関して言うならば、宗教研究や宗教社会学の暗黙の前提は「人間は普遍的に宗教的な存在である（よって、日本人も無宗教ではない）」「スピリチュアリティは、新しい時代の画期的な宗教性だ」というものであろう。私もこの業界と関わって既に長いので、この解釈はそう外れてはいないと思っている（これ自体は、あまり科学的な言い方ではないが）。実際、この見方に反するような質問や発言をすると、現代宗教研究者が、途端に防御的になったり、話を逸らそうとしたりするという場面に、いくつか私は遭遇したことがある。[*1]

しかし……人間は本当に、四六時中、宗教性を必要としているのだろうか？

日本社会が、他の国々と比べて、相当程度世俗化しているという統計的データは、実は数多く存在し、無視できないものがある（Inglehart 2020）。

さらに現在、スピリチュアリティをはっきりと標榜するムーブメントが、必ずしも普遍的な支持を集めているわけでも、勢いよく拡大しているわけでもない。

セラピーにおいてさえ、スピリチュアリティを最も重視する一派、トランスパーソナル心理学は、世界中で専攻できる大学院すら非常に限られており、決して人気のある、拡大している流派とは言えない。セラピーにスピリチュアリティが不可欠なら、トランスパーソナル心理学はもっと人気があって然るべきであろう。

本書を準備するプロセスで、「セラピー文化の終えん」という言葉さえ思い浮かんだほどであった。もちろんそこには、インターネットの普及や、世界的なツーリズムの台頭といった「21世紀の精神状況の変化」も大きく関わっている。

本書は、以上のようなことを考えながら、過去15年ほどのあいだに、随所で書いた論文、記事をもとにしている。いわゆる初出一覧は下記であるが、各章は、一冊の新たな研究書として再構成するにあたり、一定程度または相当程度、加筆・修正をおこなっている。また、すべてが当初、必ずしも純粋に学術

＊1　宗教社会学における別の暗黙の前提として「宗教集団へのカルト視は相対化すべし」というものもあった。櫻井義秀は、海外の学術誌に投稿した際、カルト的宗教による「被害者」「損害」といった表現を使ったところ、その編集部から拒絶的コメントがあったと示唆している（櫻井 2006b: 100）。

的な文脈で発表されたものばかりではない。

1章　2009「『心理主義の社会学』を構想する：セラピー文化の現状と課題」『こころの科学』147, 日本評論社, 2-6.
2012「スピリチュアリティとセラピー文化」樫尾直樹編『文化と霊性』慶應義塾大学出版会, 35-58.
2章　2004「精神世界におけるカルト化：ライフスペースを事例に」伊藤雅之・樫尾直樹・弓山達也編『スピリチュアリティの社会学』世界思想社, 225-248.
3章　2009「被害者のクレイムとスピリチュアリティ」櫻井義秀編『カルトとスピリチュアリティ』ミネルヴァ書房, 213-244.
4章　2010「テレビメディアで語られるスピリチュアリティ：日本とアメリカの事例から」石井研士編『バラエティ化する宗教』青弓社, 29-49.
5章　2010「勝間和代ブームに見る現代の自己啓発」渡邊直樹編『宗教と現代がわかる本2010』平凡社, 170-175.
6章　2013「グローバリゼーションとセルフ・スピリチュアリティ」久保田浩編『文化接触の創造力』リトン, 207-220.
7章　2014「スピリチュアリティの倫理とグローバル資本主義の精神？：アメリカ由来の自己啓発言説に注目して」『宗教研究』88(2), 53-76.
8章　2018「心理宗教テクニックと現代日本社会」西村明編『いま宗教に向きあう2　隠される宗教、顕れる宗教：国内編II』岩波書店, 221-239.
9章　書き下ろし

自分が自分のフィールドとしているムーブメントについて、その広がりと将来性を疑問にもちつつ、それを研究し、さらに単著にするというのは、なかなか難しい作業であるのかもしれない。本書についてどこか「歯切れが悪い」とお感じになったのなら、そのような事情が反映している。

従って本書は、過渡的な中間報告でもある。セラピー、スピリチュアリティ、そしてインターネットの三者の将来を見据えた社会分析に関しては、これからの研究にて、より明らかにしてゆきたい。

コロナ禍にあって、いわゆるスピリチュアルの中でも、Qアノンなどの陰謀論（Conspiracy Theory）や反マスクが目立って注目され、これまでの精神世界論で描かれたものとは異なる姿を見せていった。

Qアノンとは、インターネットの掲示板において、Qと自称する人物の書いた謎の文章が、アメリカ政治の秘密を暴いているという説を信じる一群の人々である（Qを信じる匿名［アノニマス］の人々の意）。その説とは、アメリカの一部のエリートたちが、乳児を生けにえにする悪魔宗教を実践しており、そこからアメリカを救う救世主がドナルド・トランプであるという陰謀論である。2021年には、その「信者」らが、アメリカ議会議事堂を襲撃するという騒動に発展した。インターネットは癒し（≒セラピー）のシステムでもあるが、スピリチュアル界隈に以前からあった陰謀論的姿勢は、コロナ禍において、Qアノンというかたちでアメリカでは炸裂した（ConSpiritualityとも言う）。これもまた、現代世界のスピリチュアリティを必ずしも楽観視できないということのあらわれなのではないだろうか。

最後に、長年にわたる調査にご協力くださった皆様、またフォーマルな調査ではなくとも、自由な対話の中で多くの事を教えてくださった皆様（それには、オフライン／オンラインの両方が含まれる）にまず感謝したい。また、本書を刊行するにあたっては、立教大学出版会の原稿募集の助成を受け、また丸善雄松堂・丸善プラネットの皆様には編集に携わっていただいた。審査していただいた匿名の査読者の方を含め、あらためてここに感謝を申し上げたい。そして、日頃たいへんお世話になっている同僚教職員、学生・院生・OBG諸氏、国内外の研究者仲間、特に様々な執筆機会をこれまでに下さった先生方、学会誌／出版社で編集に携わる皆様、ウェブ連載関係者、友人、家族、親族、そして音楽を共に創り演奏している人々にも、心からの謝意を述べたいと思う。

2022年初夏　再開発がめざましい下北沢にて

小池　靖

【 事 項 】

A～Z

あ

か

さ

た

な

は

ま

や・ら・わ

【人名】

あ

か

さ

た

な

は

ま

や・ら・わ

【著者略歴】

小池　靖（こいけ・やすし）

1970年生まれ。国際基督教大学（ICU）から東京大学大学院に学ぶ。博士（社会学）。立教大学社会学部教授。専門は宗教社会学、心理主義論。主著に『セラピー文化の社会学：ネットワークビジネス・自己啓発・トラウマ』勁草書房（2007年）。

＊本書の刊行にあたっては、立教大学出版会の原稿募集の助成を受けた。

心理療法が宗教になるとき

セラピーとスピリチュアリティをめぐる社会学

2023年3月25日初版発行

著　者　小池 靖

発行所　立教大学出版会

171 − 8501　東京都豊島区西池袋3丁目34 − 1

電話（03）3985-4955

e-mail rikkyo-press@rikkyo.ac.jp

RIKKYO UNIVERSITY PRESS

発売所　丸善雄松堂株式会社

105 − 0022　東京都港区海岸1丁目9 − 18

編集・制作　丸善プラネット株式会社

組版・印刷・製本　富士美術印刷株式会社

ISBN978-4-901988-39-1　C3036